江西符号

畅游时空

朱虹◎著

江西美術出版社
全国百佳出版单位

绿色的邀请

六山一水二分田，
一分道路与庄园，
插根筷子能发芽，
我家住在桃花源。

邀你走进这多彩的画廊，
森林的海洋荡漾迷人波浪。
漫山遍野是翠竹香樟，
一湖清水有白鹤飞翔。

请你留在这诗意的天堂，
神奇山水孕育了不朽的华章。
洞天福地藏佛道祖庭，
白云深处听书声琅琅。

邀请你做客我的家乡，
在这风景独好的地方休闲康养。
伴你遥看瀑布，陪你渔舟唱晚。
登高壮观天地间，豁然开朗。

请你接受我这绿色的邀请。

目 录

走进全域旅游的新时代

党的十九大标志着我国进入了中国特色社会主义新时代，中国的旅游业也进入了全域旅游新时代。习近平总书记在宁夏视察工作时说："发展全域旅游，路子是对的，要坚持走下去。"李克强总理在政府工作报告中指出要"大力发展全域旅游，创建全域旅游示范区"。2018 年 3 月，国务院办公厅出台了《关于促进全域旅游发展的指导意见》，对各地推进全域旅游发展提出明确要求。去年"中国旅游日"的主题定为"全域旅游、美好生活"。我们要认真贯彻落实党中央、国务院的决策部署，保持旅游业快速发展的良好态势，推动转型升级，增强优质供给，努力补齐短板，最终建成处处可旅游、时时皆可游的全域旅游目的地。

一、全域旅游的定义与特点

全域旅游是将特定区域作为完整旅游目的地进行整体规划布局、综合统筹管理、一体化营销推广，促进旅游业全区域、全要素、全产业链发展，实现旅游业全域共建、全域共融、全域共享、全民参与、全面满足游客需求的发展模式。发展全域旅游就是要使旅游业向全社会、多领域、综合性方向迈进，让旅游融入经济社会发展的全局。

全域旅游有六大特性。

一是管理的统筹性。旅游不仅是旅游部门的事，而且是全社会的事。要全面创新管理体制机制，切实做到全局谋划、全要素动员、全资源整合、各部门联动。二是产业的优势性。旅游业应成为区域经济发展的支柱产业。全域旅游地区旅游业应达到实现当地经济贡献率 15% 和新增就业贡献率 20%。三是发展的融合性。旅游与各个产业、社会的各个层面是相互渗透、相互促进的，而不是旅游业孤军奋进。四是供给的丰富性。旅游不仅仅限于过去意义上的景点、景区，观光、体验、购物、休闲、娱乐、健康等都应该成为旅游产品。五是服务的便利性。要满足区域范围内旅游行为无处不在、无时不有的特性，必须从观念、方式、技术等多方面不断创新，提供全时空、多方面、快旅慢游式的旅游服务。六是目标的共享性。要通过全域旅游的发展，不仅要让人们生活所在地成为经济强、百姓富、山川美、文化兴的锦绣家园，还要促进群众精神素质的整体提高，游客满意度大幅提升，从而促进人的全面发展。

二、发展全域旅游的大好时机

有人问，既然全域旅游这样好，为什么现在才提出这个方针呢？现在是发展全域旅游的最佳时机吗？

2018 年，国内旅游人数 55.39 亿人次，比上年同期增长 10.8%；全年实现旅游总收入 5.97 万亿元，增长 10.5%。自驾游的散客占大多数，城市休闲公园、主题公园、电影院等休闲娱乐场所及经典山水、精品乡村旅游景点游人如织。假日期间的旅游产品丰富多彩，红色文化、陶瓷艺术、生态休闲等都成为旅游的重要产品。

1. 人民群众休闲时间明显增多。

国家法定休假日加上双休日有 115 天左右。这还不包括年休假、探亲假等休息福利。一些特殊人群如妇女、儿童、老年人、学生的假期更多。如最近一些省份出台新规，女职工产假可延长至一年。据粗略统计，一个大学生一年的休息日达 180 余天，占了一年中的一半时间。伴随着人口老龄化，老年人口剧增，他们有充足的时间旅游，已经成为旅游人群中增长最快的一部分。从前年暑假开始，有 11 个省份推行了 2.5 天小短假。国民休闲时间的增加是全域旅游的必备条件。

2. 人民群众收入水平迅速提高。

按照国际上的一般规律，当人均 GDP 达到 3000 美元以上，旅游需求就会出现爆发式增长。1978 年，我国人均 GDP 仅 225 美元；2000 年，是 949 美元；2018 年，我国人均 GDP 已达到了 9769 美元。全民收入水平的提高是全域旅游的前提条件。

3. 全域旅游基础初步具备。

经过多年努力，我国旅游管理体制初步完善，顶层设计科学，景区逐年增多，仅 5A 级景区就达 240 余家。旅游交通格局基本形成，航空、高铁、船舶、公路纵横交错，索道、栈道、游步道逐年增多，旅游业态，包括山水旅游、红色旅游、乡村

江西公路纵横交错

旅游、温泉旅游、演艺旅游、旅游商品逐步齐备，依法治旅快速推进，旅游从业人员素质提高，游客满意度逐年提升。

4. 旅游成为人们新生活方式的一部分。

当物质生活达到一定程度后，人们必然产生精神方面的需求。一些大城市、人口集聚地干扰等问题层出不穷，一到休息日，人们都想出去旅游，呼吸新鲜空气，寻找新的生存状态。旅游开始逐渐像吃饭、穿衣、行路、锻炼一样，成为人们不可或缺的新生活方式的一部分，逐渐变为一种习惯性必备选择。

5. 旅游业逐步成为爆发性增长的行业。

近年来，全国旅游业出现高速增长。江西省旅游人次、旅游收入出现高达 20%~30% 的增长率，旅游业增加值占全省 GDP 比重达 11.36%。广东省旅游业对 GDP 综合贡献为 15.1%，对社会就业综合贡献为 19.5%。在经济增长下行期间，旅游作为一个难得的强劲元素以近乎裂变的方式逆冲，一再给我们创造惊喜。实际上，旅游完全可以成为中国新的“房地产”，拉动从交通到城市基础设施再到各种服务的全面提升。刚刚过去的国庆节黄金周，全国共接待游客 7.82 亿人次，同比增长 7.81%。实现旅游收入 6497.1 亿元，同比增长 8.47%。

6. 旅游业成为国民经济的重要支柱。

投资、出口、消费是拉动经济发展的三驾马车。现在的情况是投资增长乏力，出口受到越来越多的贸易保护主义限制。传统消费热点如房地产、汽车、家电等已接近上限，正在或即将碰到“天花板”。旅游消费却不同，经济社会越是发展，旅游需求就越大，可以无限拓展，是消费“永动机”。现在，旅游业已经成为国民经济的战略性支柱产业和人民群众更加满意的现代服务业。

7. 旅游成为脱贫致富的有效途径。

旅游一般是发达地区的富裕人口流向欠发达地区，在此过程中，财富在不知不觉中实现了从富者到贫者的转移。扩大了

昌北机场

就业，推动了投资和商品交流，提升了当地人的眼界，增加了旅游从业者的收入。旅游业综合拉动性强，扶助功能大，受益面宽，是最好的富民产业和扶贫利器。

8. 旅游业成为“一带一路”战略的重要内容。

旅游是国家整体外交的重要组成部分。2017 年中国出境游人次达到 1.5 亿，占全球出境游客总消费额的比例超过 1/5。而入境游客达 1.41 亿人次，国际旅游收入 1300 亿美元。我国的出境旅游人次和旅游消费均列世界第一，与各国各地区及国际旅游组织的合作不断加强。旅游外交成为国家外交的重要内容，成为元首签约的重大项目，并带动中国电视在海外落地，有力地促进了“一带一路”建设，为欧亚大陆共同发展注入了强劲动力。

综上所述，现在是提出全域旅游的最佳时机。这项工作意义重大，又难度很大。挑战迫在眉睫，机遇稍纵即逝，发展时不我待。我们要倾尽全力，开拓创新，把握特色，积极推进。

三、制约全域旅游发展的主要因素

1. 对全域旅游认识不足。

一些地方发展旅游意识较为淡薄，认为旅游业与工业相比，体量小、投入大、周期长、回报慢，对 GDP 和财政的贡献度不高。有的认为景区旅游就已经伤筋费神了，全域旅游更是难上加难。旅游业投融资渠道不畅，随着全域旅游对投资需求的与日俱增，单靠银行贷款和发行债券的传统融资方式已难以为继，地方财政更是杯水车薪。

2. 旅游空白点较多。

全域旅游需要更多的景区景点。江西是一个旅游大省，经过这么多年的发展，2018 年，江西共有 3A 以上景区 379 家，其中，5A 级景区 11 家，4A 级景区 140 家，全域旅游要求行车半小时能看到景点。现在江西还有一大批观赏休闲价值很高、具有一定历史文化价值的景区景点没有打造出来。这批景点大约有 1500 余个，如桃花源、太乙村、铜钹山、古蜀地等景点，她们就像待嫁的女儿，养在深闺人未识，一旦成功开发，必将为全域旅游作出新贡献。

3. 基础设施滞后。

相当多的省份旅游业近年发展迅速，但总体实力仍然不强，基础设施滞后的情况并未完全改变。有些景区景点缺少高水平的发展规划，交通、给排水、厕所、索道等配套设施建设薄弱，餐饮、住宿、休闲、购物场所档次不高。有的旅游产品开发水平低，特色不鲜明。产品链条单一，休闲型、体验型、娱乐型等消费项目不足。一些地方还严重依赖“门票经济”，与市场化、产业化、现代化、国际化要求相去甚远。

4. 品牌知名度不高。

一些省份高度重视品牌建设，山东的“好客山东”和江西的“江西风景独好”旅游品牌经过近几年的持续宣传和整体打造，目前已经在全国范围内形成了较大的影响力，但有些地方和景区的品牌还未打造出来，有的则是变来变去，影响了品牌效应和宣传效果。

5. 缺乏大型龙头企业。

许多省份市场竞争主体不强。旅游企业普遍“小、散、弱”，没有龙头企业，没有上市公司，与兄弟省市相比差距很大。尤其是旅行社规模小，有实力、品牌响的旅行社不多。

6. 入境游客太少。

内地一些省份旅游资源丰富，产业具备国际竞争优势，近几年国内游客增长快，但境外游客总量太少。江西省 2018 年，入境旅游只有 206.3 万人次，增长率仅 9.2%。特别是接待外国人只有 60 万人次。与沿海省份相比，还有较大差距。

7. 体制机制不完善。

旅游主管部门难以对旅游业实行强有力的协调统筹。景区管理模式多样，有的“一山多管、一水多治”问题久拖不决，不少景区管辖权重叠。景区经营机制不活，难以充分调动干部员工的积极性、主动性和创造性。

8. 服务质量较弱。

旅游市场发育不完善，有的企业不讲诚信，欺诈游客、出售假冒伪劣商品。旅行社无序竞争，打价格战、被游客投诉的情形时有曝光。旅游从业人员的职业素质和道德操守有待提高，旅游人才建设“短板”现象严重，懂经营、善管理的经理人、集团化运作人才、品牌传播人才、金牌导游人才紧缺，旅游服务质量的提升受到很大制约。

四、发展全域旅游的基本路径

发展全域旅游，重点要用“点、线、面”勾画出全域旅游的新画卷。

“点是基础。”就是要建好传统景区，开发好新兴景区，加快“空白点”建设。建设传统景区，就是要将长城、故宫、秦始皇陵兵马俑、黄山、庐山等老牌景区打造成为世界知名、国内一流、辐射全国的龙头景区；加大珠海长隆海洋王国、九寨沟、婺源等新开发景区的品牌创建力度；打造桃花源、蜀南竹海、太行山等一批区位优势明显和开发潜力大的旅游空白点。

“线是关键。”就是要连点成线。经营好环鄱阳湖精华游、大理丽江游、漓江阳朔游、苏区红色游等。在经营好传统线路的基础上，打造古迹游、宗教游等多条旅游新线路。

“面是目标。”就是要将点线连成片。在点、线的基础上，打造多个配套齐全、产业链完整、规模效益强的旅游产业集群，如在20平方公里范围内，建设20多个相互链接、差异明显的旅游产品，从而实现旅游资源、旅游观光休闲地的全覆盖。最后是扩充到全社会，走向全域旅游。

发展全域旅游要实现“六大转型”：推进全域旅游是我国新阶段旅游发展战略的再定位，是对传统旅游的一次全方位的升级。必须在继承过去成功做法的基础上实现六大转型。一是实现旅游资源由单个景区分散开发向综合目的地整体开放开发转型；二是旅游时间由旅游旺季向全季节旅游转型；三是旅游方式由观光旅游为主向休闲度假观光并重转型；四是旅游收入由门票为主向产业综合经济转型；五是旅游景区由围墙内治安管理向全社会依法管理转型；六是旅游管理由少数部门单位向全社会力量共同完成转型。

五、全域旅游的战略布局

经过多年的发展，旅游已经形成了多种业态，我们的探索最重要的表现在六个领域：即山水旅游、红色旅游、乡村旅游、温泉旅游、商品旅游、演艺旅游，这些旅游业态是推动旅游快速发展的制胜法宝。

一是山水旅游扬优成势。

山水旅游是旅游发展的主体部分，起步早、规模大、亮点多、品牌响，在各省旅游产业发展中地位凸显。江西的庐山、井冈山、三清山、龙虎山受到习近平总书记的高度评价。它们一直是江西的主要旅游景区，是江西旅游的主要承载地。山水旅游

温泉旅游

是江西旅游收入的主要来源，约占全省旅游总收入的60%。江西还有一批已经开发但尚不够完善的景区，比如篁岭、羊狮慕、石钟山、丫山等，将是旅游发展新的增长点。

二是红色旅游创新发展。

在江西这块红色的土地上，有中国革命摇篮井冈山、人民军队摇篮南昌、共和国摇篮瑞金、工人运动摇篮安源，还有改革开放思想的策源地小平小道。2016年江西红色旅游接待游客1.43亿人次，约占全国总数的1/8，井冈山、瑞金和萍乡的红色研修正发展成全国瞩目的红色旅游新业态。

三是乡村旅游转型升级。

农村地域辽阔，乡村旅游资源丰富。广大乡村既是名胜古迹、佛道祖庭的承载地，又是田园风光、民俗风情的富集地，占据90%的国土面积，乡村旅游有着巨大的发展空间和市场潜力。乡村旅游是全域旅游的重要内容，是推动脱贫攻坚、实现绿色崛起的重要抓手。

四是温泉旅游补足短板。

冬季是南方旅游的传统淡季，近年来，温泉旅游的兴起做旺了冬季旅游，有效地弥补了秋冬季旅游吸引力不足的短板。温泉旅游产业链长、重游率高、拉动消费指数升高、提供更多就业岗位，是优质时差旅游项目。目前，江西温泉宾馆、温泉景区、温泉综合体已达百余家，出现了天沐、维景等著名品牌企业，明月山、庐山、石城、安福等地温泉在全省领先。

五是森林旅游异军突起。

森林旅游是依托森林资源开展的旅游活动，提供观光游览、休闲度假、健身康养、野营探险、自然体验和科普教育等多种旅游产品。森林旅游是绿色产业和富民产业，更是健康产业和幸福产业。江西森林资源丰富，旅游基础和区位优势凸显，发展森林旅游，是江西向特色优势要竞争力，打造旅游强省、建设富裕美丽幸福现代化江西、实现江西绿色崛起的一条重要路径。

六是旅游商品特色鲜明。

近年来，每年都举办全国旅游商品博览会，各地投入大量资金开发旅游商品，工艺品类、绿色食品类、非物质文化遗产类旅游商品都获得了很大发展。一大批创意独特、外形美观、质量优良、价格适中、携带方便的产品应运而生，如“佛缘”加湿器、朝珠耳机、“忆千年古瓷片”“福寿富贵”“鸡缸杯”等热卖。旅游商品的成功开发，促进旅游收入由以门票为主向综合收入转型，使旅游购物成为旅游经济的重要增长点。

七是演艺旅游精彩纷呈。

经过多年的挖掘和推动，按照主题清晰、创意新颖、制作精良、国际视野的标准，创作了300多台节目，如宋城千古情、刘三姐、长恨歌、寻梦龙虎山等一批高水平、有特色、有市场、有影响的旅游演艺项目，对于推动演艺旅游上品位、上品牌、上台阶，延长游客旅游时长，拉动旅游消费发挥了重要作用。

六、大力推进“旅游+”

实现处处可旅游，不是人人点火，村村冒烟，只有一个旅游业，而是百花齐放，使旅游与方方面面相结合。必须大力推进“旅游+”，促进旅游产业由“小旅游”向“大旅游”转型、由低端向高端升级，推动旅游业与一、二、三产业的深度融合，形成新的旅游点和新业态。

一是“旅游+网络”。

推进智慧旅游，通过网络和手机全球营销、全球揽客、全面传播，主要旅游消费场所实现在线预订、网上支付。实现吃住行游购娱全面解决。所有涉旅场所实现免费WIFI、通信信号、视频监控全覆盖。从旅游业领导者到各景区景点工作人员都要主动拥抱网络，用新兴技术加强管理、拓展市场，赢得效益。

二是“旅游+文化”。

文化是旅游的灵魂，旅游是文化的载体。旅游者现在越来越注重对文化的体验与享受。游客已从原来单纯看景点向品文化转变，希望在旅游过程中获取审美情趣和精神愉悦。促进文化与旅游融合发展，是世界旅游发展的大趋势和旅游先进地区的成功经验。旅游与文化融合程度越高，旅游的品位就越高，旅游吸引力就越强，旅游经济就越发达。许多文化场馆如博物馆、纪念馆、美术馆、艺术馆等都是很好的旅游产品。我们要注意做好旅游业与先进文化的融合发展，打造中华民族的精神家园。

三是“旅游+城镇化”。

中心城市作为旅游的首选地和目的地是世界各国发展的基本规律。它一般具备较为完善的交通、高水平食宿、信息服务、娱乐购物等基础设施和接待条件，是旅游的集散中心。要把中心城市的打造放在更加重要的位置。妥善处理好城市改造与历

江西省美术馆

史文化和生态环境保护的关系，精心打造富有时代特征、地方特点和文化特色的标志性建筑，规划和开发好城市及周边景区景点，不断完善交通网络体系和宾馆、饭店等接待设施，切实增加中心城市及周边的景区景点，提升中心城市的魅力和吸引力，使中心城市成为外地游客必去、必看、必游的目的地。

四是“旅游 + 工业”。

工厂也是景点。比如，直升机生产、稀土生产、铜业生产、光伏生产、汽车生产、陶瓷生产等，都可以搞工业旅游。工业基础较好的城市要创建国家级工业旅游城市，要推进一批特色工业旅游示范基地和示范点，推出一批质量过硬的“江西制造”的工业旅游商品。

五是“旅游 + 健康”。

随着人们健康观念的改变，健康产业与旅游业融合发展的模式从小众化市场走向更多人的视野，成为旅游市场的新宠。被称为“长寿村”的广西巴马县，近年来游客络绎不绝。瑞士的养颜美容旅游风行一时。中医药、康复疗养、道教养生、晒温泉养生等特色明显，是发展健康旅游的有利条件。

六是“旅游 + 体育”。

以参与和体验为主的“旅游 + 体育”方式越来越受到大家欢迎，市场潜力无限。每一个体育门类都有一个相对稳定的粉丝群体，如果这些赛事安排在旅游景点举办，就相当于带动旅游景点的消费。如国际马拉松赛、龙舟大赛、高山帐篷节、汽车拉力赛、冰雪旅游节、高山漂流等，既促进身体健康，加强体育锻炼，又满足人们的出游需求，丰富了人们的休闲旅游体验。

七、加快旅游发展的重要举措

当前和今后相当长一段时期，下大力推进全域旅游，必须做好六项工作。

1. 深化体制机制改革。

各级党委、政府是推动全域旅游发展的责任主体，主要领导要亲自推动，成立全域旅游领导机构。建立适应全域旅游特点的旅游治理机制，强化旅游部门职能，明确各相关部门责任。要加强全域旅游立法，建设旅游公安局、旅游法庭、旅游市场管理分局，建立健全旅游部门与相关部门联合执法、旅游标准化建设和考核激励等工作机制。

2. 加强基础设施建设。

坚持高标准规划、差异化创建、联动式发展。加快编制全域旅游发展总体规划，大力推进“多规合一”。A 级旅游景区建立标准化的标识标牌、停车场、游客服务中心等配套设施，实现“一路（景区公路）三道（栈道、索道、游步道）一平台（观景平台）”基本配套建设，继续推进厕所革命。建好旅游数据中心，推进交通、民航、出入境、公安、旅游等涉旅数据信息共享，构建全域旅游科学统计指标体系，实现旅游保障体系的全覆盖。

3. 强化品牌宣传。

要抓好“四个一”工程，继续提升品牌形象，将重点景区整体打包，运用全域旅游建设新成果，实施多媒体运营，策划一系列影响力大、美誉度高的营销推广活动，使品牌的知名度、美誉度和影响力不断攀升。要将宣传与营销相结合，扩大国内中心城市、经略周边重点城市，推出形式多样的舆论传播，不断提升旅游整体品牌形象。

4. 壮大市场主体。

发展全域旅游需要更多资金。要通过市场化运作，积极引入民营资本和社会资源，引导金融机构强化对全域旅游的融资支持。支持本土旅游企业的发展壮大，上市融资。积极引进外来大企业参与旅游开发。设立产业基金，鼓励民间投资，支持众筹、众创等融资方式，调动人民群众参与旅游发展的积极性，鼓励广大青年学生投身旅游，创业致富。

5. 开展国际化营销。

紧盯港澳台、东南亚等传统客源市场和欧美新兴客源市场，走向全球“卖”风景。组团赴境外重点客源市场开展系列宣传营销，邀请驻华大使或文化参赞赴赣考察，邀请境外旅游机构、媒体、旅游达人和相关企业代表参加重大旅游活动，邀请各旅行社负责人和业务员来踩线，进一步扩大中国旅游在世界的影响力。要积极引进和转化与旅游相关的国际标准、先进技术、管理经验、服务模式，提高我国旅游的国际化水平。深入挖掘中华民族全球性文化符号，打造一批具有本土特性、国际认同、符合境外旅游者需求的旅游项目。

6. 提升服务水平。

游客满意度是检验旅游工作的根本标准。要强化旅游市场整治，建立健全游客投诉处理的快捷高效机制，建立旅游经营户征信系统，设立旅游赔付基金。推动旅游市场监督管理工作的规范化。在重要时间节点和关键时期开展专项治理活动，采取联合执法、实地检查、听取汇报、资料核查等“组合方式”，打击严重扰乱旅游市场的非法行为。不断提升游客中心、景区景点、宾馆饭店等服务质量。旅游业的竞争最终体现在人才竞争。要积极做好人才引进和培训工作。继续办好“金牌讲解班”，举办推进全域旅游高级研讨班、高级旅游管理人才研修班，促进旅游队伍素质的整体提升，使处处都是旅游环境，人人都是旅游形象，确保全域旅游扎实推进，再上新台阶，再创新辉煌。

四处可游　四季能游
四通八达　四海来客

2019年政府工作报告中明确指出，“发展全域旅游，壮大旅游产业”，为我们今后旅游工作指明了前进方向。伴随着新时代的到来，旅游业逐渐成为国民经济战略性支柱产业和人民大众生活方式的重要内容，旅游已经跳出原本依靠单独景区景点的旧模式，成长为若干配套齐全、产业链完整、规模效益强大的旅游产业集群，朝着全域共建、全域共融、全域共享、全民参与、全时空保障、全面满足游客需求的全域旅游大踏步迈进。

党的十八大以来，江西按照中央的部署，将旅游作为生态优势转化为经济优势的重要途径，大力推进旅游强省战略，旅游接待人次、旅游总收入年均以20%~30%的速度增长，翻了两番；国家5A级旅游景区从3个增加到11个，实现了新的跨越，为全域旅游的发展奠定了良好的基础。

江西历史文化底蕴厚重，红色文化资源丰富，生态环境优势明显，旅游交通格局初步形成，现在已有18个市县被批准为“国家全域旅游示范区”，江西省域整体也完全有可能建成“国家全域旅游示范省”。

庐山索道

下一步，江西将以习近平新时代中国特色社会主义思想为指导，按照政府工作报告提出的目标和要求，大力推进全域旅游，重点做好以下工作：

一是全省域打造。在省域范围内，围绕旅游强省的发展战略，通过高标准规划、高强度推进、高质量建设，按照全域旅游的要求，完善旅游公路、索道、栈道、游步道、接待设施、观景平台等基础设施建设，做到景区由点到线及面的循序覆盖。二是全产业融合。通过推动旅游业态百花齐放，促进旅游产业由低端向高端升级，推动旅游业与农业、工业、新兴服务业的深度融合，实现山水旅游扬优成势、红色旅游领跑全国、乡村旅游转型升级、温泉旅游异军突起、演艺旅游精彩纷呈、旅游商品创新发展，形成新的生产力和新业态。三是全主体参与。通过政府引导、市场主导、群众参与，建立适应全域旅游发展的管理体制、运行机制，让每个人都成为全域旅游的参与者，旅游发展成果全民共享。四是全方位保障。通过唱响品牌，加强依法治旅，完善市场秩序，实现宣传保障、制度保障、服务保障，推进全域旅游可持续发展。

为完成上述任务，必须解放思想，转变观念，深化体制机制改革，实现高位推动，将过去认为不能旅游的地方变为旅游热点，将过去认为难以解决的问题变为一路畅通。实现旅游资源由分散开发向整体开发转型，旅游方式由以观光为主向健康休闲度假转型，旅游收入由门票经济向综合经济转型，旅游景区由粗放式建设向标准化建设转型。

游客满意度是检验全域旅游工作的根本标准。在加强硬件建设的同时，要重点提高软件建设。出台《旅游者权益保护条例》，依法保护游客的各项权利。努力提升优质服务水平，大力发展智慧旅游，推进 5G、VR 应用进景区。加强市场管理，健全投诉机制，设立赔偿基金，采取各种方式提高旅游管理者和员工的素质，使人人都成为旅游形象。我们期待的目标是用 8 年左右的时间，在全国和全球进一步唱响“江西风景独好”品牌，将江西建成一个被人们广泛认可的全省皆风景、处处可旅游的全域旅游目的地。

三清山玉京峰

保护资源是旅游发展的前提

江西旅游资源丰富，几乎市市有名山大川，县县有旅游景点。这是老祖宗给我们留下的宝贵财富，也是旅游产业发展的基础。

近年来，江西旅游产业在加快发展的同时，旅游资源保护开发也暴露了一些不容忽视的问题。一是法制观念不强，保护意识弱。有些相关负责同志缺乏法制观念和生态环境保护意识，不能正确处理绿水青山和金山银山、景区建设与资源保护的关系，没有严格按照规划开发建设，认识水平低、保护跟不上、环境遭破坏，甚至造成旅游资源损毁。二是追求短期利益，开发水平低。有些景区的管理者和投资主体过于追求短期利益，盲目开发和低水平重复建设，导致产品档次低、品位差。如在

上饶灵山

一些古村落中，加插大量新建筑，破坏了古色古貌；在城市周边的一些旅游景区，大肆兴建地产项目，挤占湖泊水面、山坡林地，严重破坏了旅游景区的环境和景观。三是体制机制不顺，管理效率差。一些旅游景区存在多头管理、条块分割等问题，缺乏有效的管理协调机制，对外营销无人问津，客源市场无法拓展，内部恶性竞争加剧，景点“小、弱、散、乱”，难以形成主题鲜明及拳头性的旅游产品，严重降低了景区的管理效率和综合竞争力，制约了景区的发展。

旅游资源是景区存在和发展的基础，也是吸引游客的核心要素，具有珍稀性、唯一性和不可再生性。加快旅游产业发展，必须正确处理和把握好旅游资源保护与开发的关系，不断提升旅游资源开发和利用水平。

第一，强化保护意识。

应充分认识到绿水青山是江西的最大优势、最大财富、最大品牌，也是江西能在全国叫响的最宝贵资源。当生态环境与经济利益发生矛盾时，应时刻注意将生态环境摆在第一位，在必要时甚至敢于牺牲经济利益。旅游景区必须严格控制开发利用活动，具备条件就开发，不具备条件就要采取有效措施妥善保护，待以后有条件时再行开发，部分具备条件就适度开发，为以后开发留足空间。特别是在核心景区内，要严格禁止与资源保护无关的各种工程建设，严格限制建设各类建筑物。即便是符合规划要求的建设项目，也要严格按照程序上报审批。如果资源环境破坏了，景区就不复存在，发展旅游产业就无从谈起。

第二，加强科学规划。

景区规划是旅游资源保护开发的纲领，是景区发展的百年大计。科学的规划有利于合理布局建设项目，有序开发旅游资源，有效保护生态、生物多样性和自然环境，促进景区又好又快发展。旅游景区应把科学规划作为旅游资源开发保护的首要任务和关键环节，按照高标准、高起点的要求，构建完善的景区总体规划、土地利用总体规划、环境保护规划、水环境功能区规划等为主的景区规划体系，用科学的规划规范景区开发、引领景区发展。规划一经批准，就具有法律效力。所有项目必须严格按照规划建设，没有规划的景区，一律不能开发；不符合规划的项目，一律不得建设。景区规划一经批准实施，就不得随意更改，如确需调整，必须履行相关法规程序。

庐山美庐别墅

第三，提升开发水平。

按照国际精品景区的标准和要求，积极引进资本实力雄厚、具有文化品位、战略眼光的投资主体，合理有序开发旅游资源，完善旅游基础设施，挖掘旅游文化内涵，精心策划旅游产品，努力提升综合开发水平，提高景区的品位与核心竞争力。正确处理眼前利益与长远利益的关系，不因短期的经济利益搞低水平开发和重复建设，甚至破坏景区环境、损毁旅游资源。那样做无异于竭泽而渔、杀鸡取卵。根据相关法规和当地情况，出台优惠政策，营造良好投资环境，广泛吸纳外资、民资，合理开发旅游资源、经营旅游景区（点），实现旅游资源的永续利用。

第四，理顺体制机制。

健全的景区管理机构和管理体制，是景区各项事业健康发展的首要条件和必要保障。应适应大旅游、大产业、大市场的发展趋势，进一步理顺景区管理的体制机制，明晰旅游资源产权，确定景区经营主体，实现统一管理、统一开发、统一营销，以大旅游的理念开拓大市场、发展大产业。同时，逐步探索剥离景区的社会管理职能，让景区管理机构集中精力开发旅游产品、开拓旅游市场、做大旅游品牌。

第五，明确责任主体。

旅游景区管理机构是旅游资源保护开发的第一责任主体，旅游行政管理部门和景区主管部门应进一步建立完善工作机制，履行监管责任，定期或不定期督促检查，对违反法律法规，破坏或是无序开发旅游资源的行为，要及时制止并予以通报批评、依法依规查处、限期整改。同时，拓宽监管渠道，鼓励公民实时监督，支持媒体跟踪报道。采取明察暗访等形式，深入景区，深入群众，一旦发现问题，及时督促整改，整改仍不到位的，对相关责任人实行问责。对肆意破坏景区环境和旅游资源的行为，立即制止，严厉打击。

山水旅游扬优成势

山水旅游是以山水为载体，以自然景观和历史文化为主要内容，以旅游设施为必备条件，以游客观光览胜、寻幽探密、休闲度假为主要形式的基本旅游业态。江西具有发展山水旅游的独特资源条件。唐代诗人李白曾这样赞颂江西山水："予行天下，所游览山水甚富，俊伟诡特，鲜有能过之者，真天下壮观也。"如何保护、挖掘和利用丰富的山水资源，推动江西山水旅游更好更快发展，对形成"江西风景独好"旅游品牌的核心价值，树立江西旅游鲜明形象，建设旅游强省，具有十分重要的意义。

一、名山大川是江西旅游最重要的资源

"智者乐水，仁者乐山。"古人以山形容厚重卓拔、独立自持的仁者风范，用水描述圆融通脱、上善大度的智者气质，这足以说明山水与仁者智者的相融共通。历史上，许多文人墨客对名山胜水情有独钟，并留下诸多广为流传的佳作逸事。山和水在中国传统文化中具有重要而独特的地位，可以说每一个中国人心中都有一种沉淀千百年的山水情结。

直至今天，人们仍喜爱亲近自然，期待踏足秀美山水之间，感受大自然的质朴，呼吸清新的空气。江西是山水旅游资源的富集地，自古有“六山一水二分田”之说，山地面积占全省面积的64.2%，全境有大小河流2400余条、湖泊2700多个，成为国内外游客无比向往的旅游胜地。

江西三面环山，南有九连、大庾层峦叠嶂，东有武夷、怀玉峻峭矗立，西有罗霄、幕阜、九岭逶迤巍峨。众多的山岳型旅游资源，无论是数量还是品质，在全国都名列前茅。庐山襟江带湖、浑然一体，雄奇险秀、刚柔并济，素享“奇秀甲天下山”之盛名。井冈山既是享誉天下的革命摇篮，且又“峰雄林茂苍竹翠，瀑壮壑幽杜鹃红”，是不可多得的绿色宝库。三清山是天然画卷，怪石惟妙惟肖，堪称峰林奇观。龙虎山丹峰悬崖峭壁，秀水碧透流霞，道教和崖墓文化源远流长。龟峰山峦峻峭，怪石嶙峋，无峰不“龟”。除此之外，还有武功山连绵10万亩的“云中草原”；明月山浪漫的“月亮文化”和温润可人的富硒温泉；大茅山林茂峰俊、飞瀑流泉，是全国森林覆盖率最高的山之一。东江源头三百山、千峰之首黄冈山、南昌梅岭、上饶灵山、大余丫山、安福羊狮慕、会昌汉仙岩、崇义阳岭、宁都翠微峰、广丰铜钹山、婺源大鄣山、铜鼓天柱峰、永修云居山、修水黄龙山、吉安青原山等等，皆是钟灵毓秀、美景怡人。

江西有赣江、抚河、信江、饶河、修水五大内河汇流鄱阳湖，进长江、入东海，奔腾不息。鄱阳湖是中国最大的淡水湖、国际重要湿地、世界生命湖泊网中国唯一成员，号称“珍禽王国”“候鸟天堂”。西海千岛落珠、山水交融；仙女湖山水相映、

明月山之江山如画

水天一色；陡水湖湖抱岛环，景色秀美。大觉山峡谷漂流在3.6公里内落差达188米，给游客以动静结合、有惊无险的无穷乐趣。此外，全省飞瀑流泉比比皆是，目不暇接。庐山瀑布“飞流直下三千尺”，是中国瀑布文化的巅峰；井冈山“五潭十八瀑”层层叠叠，气象万千；丫山瀑布群整体落差220多米，大小瀑布相连，叹为观止；萝卜潭瀑布堆花溅玉，令人赏心悦目。全省已发现天然出露的温泉100多处，具有独特的疗养保健功能，非常适宜旅游开发。南昌被誉为“中国水都”，水域面积达2204.4平方公里，占29.8%，居全国省会城市前三甲；九江枕长江而揽鄱湖，南门湖、甘棠湖、白水湖、八里湖碧波荡漾，自古就是游览胜地；赣州八境台外章江、贡江临墙并流，三江六岸集城区美景大成，再现古赣州滨江沿线的魅力风采，成为颇有品位的文化休闲旅游长廊。

江西山水交相辉映。山临水而立，水绕山而行，山水共耀，蔚为壮观。庐山、鄱阳湖为世界级的山水旅游资源，两者相互毗邻，资源类型各异，景区优势互补，形成了湖光山色、山水一体的旅游景区集聚地。石钟山襟江扼湖，集山、江、湖于一体，堪称“江湖奇峰”。龙虎山芦溪河清澈碧透，倒映着丹山绿树，宛如人间仙境。还有庐山西海与云居山、陡水湖与五指峰等等，都是山水交融的旅游景区。众多高品质的温泉也大多分布在名山周边，让游客在寒冷的冬季感受到温泉的浓浓暖意，大大增强了山岳型景区在传统旅游淡季时的吸引力。如明月山与温汤温泉、庐山与星子温泉等，山岳与温泉有机结合，相得益彰，形成了以山带泉、以泉促山、相互促进的发展格局。

江西山水文化厚重。在江西悠久的历史发展过程中，许多文人仕宦、高贤大德隐匿于山水之间，沉醉于万物之理，或谈佛论道，或开坛讲学，藉山水之美孕育了光辉璀璨的赣鄱文化，形成了极具文化价值和审美价值的文化山水景观。早在魏晋时，高僧慧远依庐山创净土宗、建东林寺。自唐以后，江西佛教逐渐兴盛，祖庭名寺多据山肇建。行思在青原山建净居寺，大振禅风；怀海依百丈山建百丈寺，创清规戒律；道容在云居山建真如寺，成为中国佛教“三大样板丛林”之一，此外还有杨岐山普通禅寺、仰山栖隐禅寺、洞山普利禅寺等等，皆是佛因山而显赫，山以佛而知名。江西也因此被称为中国佛教的重要源流之地，禅宗的定型之地。同时，江西也是道教圣地，众多道士真人在此开宗立派，开辟洞天福地。东汉，张道陵在龙虎山结炉炼丹，创立天师道；葛玄在阁皂山结茅修道，创立灵宝派；许真君择西山之阳，开创净明道。此外，江西著名的古书院也多择建于山水胜地，白鹿洞书院、鹅湖书院、白鹭洲书院等无不耸立深山水畔。历史上，众多文人巨擘也与江西山水结下了不解之缘，留下了许多脍炙人口的翰墨词赋。陶渊明寄情桃花

源中，表达了“采菊东篱下，悠然见南山”的闲适心境；王勃于赣江之滨，书写了“落霞与孤鹜齐飞，秋水共长天一色”的绝妙佳作；李白登临庐山，赋诗《望庐山瀑布》，以奇特瑰丽的想象而成为千古绝唱；苏轼笔下的“江西山水真吾邦，白沙翠竹石底江”，字里行间透着对江西山水的赞美；辛弃疾在郁孤台下遥望赣江滔滔激流，发出“青山遮不住，毕竟东流去”的感叹；毛泽东写下的“一山飞峙大江边，跃上葱茏四百旋”，等等，无不表露出圣贤伟人们对江西山水的痴情与挚爱。丰富的山水文化，为山水旅游注入了深厚的内涵。

二、山水旅游在江西旅游产业发展中的地位和作用

山水旅游是江西旅游发展的主体部分，起步早、规模大、品牌响，在全省旅游产业发展中地位突显。

天梁风景区之三清湖

1. 山水旅游是江西旅游的主要载体。

庐山、井冈山、三清山、龙虎山、明月山等一直是江西的主要旅游景区，是江西旅游的主要承载地。

2. 山水旅游是江西旅游收入的主要来源。

江西山水旅游收入约占全省旅游总收入的 60%。2012 年国家旅游局发布《全国 A 级旅游景区发展报告》，公布了营业收入前 10 名的全国 A 级旅游景区，江西的庐山、井冈山、三清山位列其中，其中庐山、井冈山高居前二名。

3. 山水旅游是江西旅游发展的主要增长极。

庐山、井冈山、三清山、龙虎山、明月山、篁岭等成熟景区已得到市场认可，但也存在明显的淡旺季，只有黄金周和重要节假日期间才出现游客接待饱和状态。通过进一步完善服务设施，开发经营性项目，这些成熟景区的旅游接待人数和综合效益还可以大幅提升。此外，江西还有一批已经开发但尚不够成熟的景区，比如武功山、羊狮慕、石钟山、龟峰、西海、灵山、大茅山、丫山、葛仙山等；以及一大批尚未开发或刚开始建设的旅游景区，比如铜钹山、黄冈山、阳岭、九连山、鄱阳湖湿地公园、官山、军峰山等，资源规模宏大，市场前景广阔。随着旅游开发和旅游设施的完善，这些景区将展现巨大的发展空间，吸引大批游客，产生可观的经济效益，成为江西山水旅游乃至整个旅游产业发展新的增长点。

同时，江西山水旅游也还存在一些差距和问题。一是山与水的旅游发展不平衡。山岳型旅游早已声名鹊起，而水的旅游却刚刚起步，丰富的水域资源没得到充分利用。二是山水旅游收入结构不合理。目前还是以门票收入为主，购、娱等高附加值旅游项目不多，产业链不长，综合效益不高。三是山水旅游景区基础设施不足。景区内道路、宾馆、厕所、索道、餐饮等

庐山西海

设施还不能满足游客需要，重要景点未开发，接待能力不强。四是山水旅游发展资金投入不够。旅游项目策划包装水平不高，招商引资能力不强，社会资本参与山水旅游景区开发渠道不多，旅游产业发展的社会化市场化运作程度较低。五是部分山水旅游景区体制机制不顺。有的景区存在条块分割、体制不顺、机制不活的问题，导致管理上各自为政、相互掣肘、效率偏低。

三、山水旅游发展的基本思路

全域旅游新时代是江西山水旅游发展的重要机遇期，应紧扣旅游强省建设和全省经济社会发展大局，促进政府、企业和社会加强协作，形成合力，推动山水旅游更好更快发展。

1. 明确山水旅游发展目标

充分整合山水旅游资源优势，紧贴旅游消费市场，深入挖掘文化内涵，积极创建 10 个国内一流的山水旅游精品景区，积极打造 20 个区域性的山水旅游特色景区，重点完善 30 个高水平的温泉旅游度假景区。逐步形成布局合理、景区互联、线路互通、设施完善、各类型山水旅游景区协调发展的良好格局，产业规模、质量、效益达到国内领先水平。

2. 推动山水旅游转型升级

一是推动山水旅游由观光型向观光休闲度假复合型转变。传统旅游以观光旅游为主，但随着人们消费需求的提高和闲暇时间的增多，山水旅游将成为人们休闲度假的最好形式。应加快推动山水旅游由粗放型向集约型旅游转变，由中低端旅游向中高端旅游转变，由传统旅游向现代旅游转变，建设一批具有吸引力的复合型旅游景区，开发一批休闲度假类山水旅游产品。

二是推动山水旅游由门票经济型向综合效益型转变。从游客需求出发，大力开发经营型、服务型旅游项目，尤其是开发一批具有唯一性、独特性的项目，能使游客必游、必看、必购、必食、必玩。鼓励山地自行车、游艇、漂流、探险、科考等新型旅游业态规范发展，满足不同消费层次游客的需要。逐步降低门票收入在整个旅游综合收入中的比重，有条件的景区可以实行打折降价，甚至尝试取消门票，以吸引更多的游客，带来更大的效益。积极探索山水旅游综合效益最大化的有效途径，通过改善食宿条件、扩大旅游购物、发展景区演艺、增加参与性娱乐项目等方式丰富旅游产品，延长产业链条，提高游客消费水平，提升旅游综合效益。在策划、引进参与性娱乐项目时，防止低俗化、庸俗化，避免让短期的经济利益影响景区的长远发展。

3. 加大山水资源保护与开发力度

一是抓好资源环境保护。山水资源是大自然赋予、不可移动和不可再生的资源。应正确处理好旅游资源保护和开发的关系，坚持保护第一的原则，以科学的有限开发、有序开发促进资源就地保护，以资源合理利用推动山水旅游持续健康发展。要严格执行环境影响评价制度，严格管控山水旅游景区范围内及外围的建设项目，抓好项目施工管理，将景区开发和项目建设对生态环境的负面影响降低到最小。要合理确定山水旅游景区游客容量，倡导低碳旅游方式，切实减少旅游活动对山水旅游资源的不良影响，努力实现山水旅游景区环境风貌生态化、

大余丫山风景区瀑布

设施设备现代化、技术应用先进化、服务项目人性化，促进山水旅游资源永续、高效利用。

二是抓好水域资源开发。各地应结合自身水域资源特点，开发出不同类型、不同品位的旅游产品，开辟适合不同层次游客需求的泛水旅游线路，特别是临江的旅游城市，要重点打造“一江两岸”的城市景观。各地在加强水域资源保护和整治的前提下，应不断加大投入力度，进一步改善水环境、扮靓水景观、突出水文化，依托江河湖泊资源，开发出更多让游客喜爱的泛水旅游产品和城市水体景观。除传统的的漂流、游船、垂钓等水上旅游项目外，还可以积极开发水上快艇、飞机、滑翔等项目，同时着力建设水上综艺舞台、音乐喷泉等水体景观，使游客感受江西泛水旅游的魅力。

三是抓好产业链延伸。应建立与山水旅游目的地发展相适应，集星级饭店、商务宾馆、度假酒店、特色山居小屋、森林人家等为一体的多层次住宿接待体系；立足地域特色，开发一批独具风味的菜品和小吃，形成江西旅游特色餐饮体系；鼓励开发富有地方特色的旅游商品和富有文化创意的旅游纪念品；积极推进旅游食品、旅游用品、旅游纪念品研发生产基地建设，

南昌秋水广场音乐喷泉

拉动相关产业加快发展。

4. 提高山水旅游景区运营水平

一是加强景区建设。提升景区建设水平，规划是先导、资金是前提、选材是基础、技术是关键、管理是保障。高水平的规划就是要在当地政府的统一领导下，结合景观资源特色，编制相应的旅游景区总体规划和建设性详规。景区建设应因地制宜，充分利用现有条件，就地取材，既能降低成本，也可凸显地域特色。要严格按照国家A级旅游景区的标准，建设具有人性化、特色化的旅游设施。突出旅游产品的文化特色，深入挖掘内涵，形成一批规模大、档次高、项目丰富、特色鲜明、服务规范、管理科学、口碑良好的山水旅游精品景区。景区建设也不仅仅是旅游景观的打造和旅游产品的策划包装，还有景区内部的道路交通、接待服务等设施的建设。

二是加强宣传营销。好货靠巧卖，好景要推介。大力开展宣传营销是推动山水旅游发展的重要举措。“江西风景独好”已经成为响亮的形象品牌，旅游行政主管部门应进一步加大宣传推广力度，真正让该品牌引领江西山水旅游发展。各地应在这一品牌的统领下，在主流媒体开设专版和专栏，加大媒体宣传力度，做好本地山水旅游的整体品牌打造和形象推广，形成一个具有合理分工、各有侧重的山水旅游宣传营销体系。建立完善旅游宣传的产品体系，在央视旅游广告片、旅游文化丛书、“走遍中国·精彩江西”系列宣传片、电影电视剧及旅游推广月等宣传产品的基础上，充分利用网络、电视、手机、微博等多种媒介，进一步丰富旅游宣传产品，拓宽旅游宣传渠道。

三是优化景区服务。树立以服务促效益的理念，切实提升旅游产品品质和旅游服务水平。健全标准体系，加强服务设施、服务流程、服务质量的标准化和规范化建设，形成规范有序的发展格局。加强对景区管理人员和从业人员的业务培训，积极引进山水旅游专门人才以及景区规划、科普教育、创意策划、宣传营销、电子商务、导游讲解等紧缺的旅游管理服务人才。积极组织开展山水旅游景区诚信服务活动，督促企业守法经营，引导游客明白消费，实现山水旅游景区“放心旅游”。

四是理顺管理体制。山水旅游产品的市场表现，很大程度上取决于景区体制机制的活力。应大胆改革创新，积极破除障碍，努力推进景区的管理体制机制由被动适应型向主动促进型转变。建立健全景区管理机构，明确山水旅游景区的管理主体，形成一个管理主体统一规划管理、相关部门协同配合的管理体制。强化山水旅游景区管理机构的管理职能，提高景区经营运作的市场化水平，从根本上解决旅游开发的掣肘，提升景区经营水平和管理效率。

红色旅游领跑全国

不忘初心，牢记使命，大力发展红色旅游是一项关系长远的政治工程、凝魂聚气的民心工程、造福百姓的富民工程。江西素有“红色土地”之称，拥有丰富的高品位的红色旅游资源，是红色旅游大省。在江西这块红土地上，有中国革命摇篮——井冈山，人民军队摇篮——南昌，共

中国革命摇篮——井冈山

萍乡秋收起义纪念碑

和国摇篮——瑞金，工人运动摇篮——安源，还有改革开放思想发源地——小平小道，秋收起义策源地——萍乡，闽浙赣革命根据地“红色省会”所在地——葛源，苏区模范县——兴国，二万五千里长征出发地——于都，上饶集中营、永新县“三湾改编”、铜鼓县的“伟人福地”等一大批得天独厚、保存完好的红色资源，为发展红色旅游提供了重要资源与条件。

近年来，江西依托丰富的红色旅游资源，紧紧围绕打造“中国红色旅游首选地”和红色旅游强省的目标，创新载体，创新形式，创新业态，创新营销，切实增强红色旅游的吸引力、感染力、冲击力、震撼力和可持续发展能力，取得了显著成效。近几年，江西红色旅游接待人数和旅游收入连续保持 20% 以上增速，2016 年，红色旅游接待人数达到 1.43 亿人次，综合收入 1157 亿元。

创新形式和载体，让红色教育“火起来”。依托红色资源优势，挖掘红色文化内涵，把红色旅游与思想教育结合起来，以喜闻乐见的形式呈现在大众面前。比如，通过充分挖掘井冈山红色文化资源，设计内容新颖、寓教于乐、寓学于游的红色培训系列课程，推出“吃一顿红米饭，唱一首红军歌，走一趟红军路，读一本红军书，听一堂传统课，扫一次红军墓”的“六个一”活动，使旅游过程动静结合、劳逸结合，有体验、有思考，受到广大游客特别是青少年的欢迎。目前，井冈山有培训机构 20 多家，参加红色培训人数突破百万人次，开创了红色培训的“井冈模式”。再比如，瑞金先后推出“十送红军”等 19 个与游客互动的情景剧表演，让游客穿红军装，扮演成各种革命角色，经历红色革命情景，让历史活跃起来，让文化深入人心。

大力开发“红色旅游 +”产品，提升红色旅游吸引力。面对游客日益多元化的需求，近年来，我们将红色旅游与绿色、古色相融合，打造复合型旅游产品、线路。比如，赣南一些县市在做好“寻访红色故都”“重走万里长征”的同时，充分利

安源工人运动纪念馆

用红色旅游带来的“人气”，整合和提升当地客家文化旅游资源和其他特色旅游资源，开发了客家民俗风情游、赣南脐橙文化节等旅游活动，有效地丰富了游客的选择。井冈山市提出“在红色景点中最绿”的口号，相继投资改造井冈明珠——挹翠湖，开发出龙潭、主峰、笔架山、大峡谷等生态景区，让游客在接受红色文化熏陶的同时，感受江西独特的绿色风景。

创新宣传营销模式，扩大红色旅游影响力。在全国首创推出“江西风景独好”旅游特卖会全新营销模式，前往北京、福州、厦门、上海、西安等60多个城市举办特卖活动，让利热卖旅游线路和产品，实现了旅游品牌推广与旅游产品营销的结合。组织推进全省旅游推广“四个一”工程，各设区市和重点旅游景区均推出了一句旅游宣传口号、一本旅游宣传画册、一部旅游宣传片、一首旅游歌曲，营造浓郁的红色旅游发展氛围。

着力改善旅游配套设施，筑造一批红色经典景区。持续加大对旅游公路、游步道、游客服务中心、旅游厕所等红色旅游设施的投入，近五年来江西共完成20余条红色旅游公路建设，总里程达300多公里，大大增强了红色旅游景区的可进入性。同时，一大批红色经典景区完成了改造升级，瑞金“共和国摇篮”景区成功升格为国家5A级景区，上饶集中营、南昌新四军军部旧址、安源路矿工人运动纪念馆等红色经典景区也正以全新姿态迎接八方游客的到来。

深度推进区域旅游合作，实现红色旅游地互利共赢发展。作为红色旅游的主要倡导者和推动者，在红色旅游发展初期，江西就率先打破省内、省际的行政区域壁垒，积极推动“线路互通、游客互送、资源共享、共同发展”，首开红色旅游合作先河。与贵州、陕西等省红色景区共同签署了《共同发展红色旅游井冈山行动纲领》，又牵头与20多个省市成立“中国红色旅游推广联盟”举办大规模的中国（江西）红色旅游博览会，被业界评价为推广红色旅游的创新之举，实质性地推动红色旅游向深层次、可持续发展。

通过江西红色旅游的探索和实践，可以归纳为如下几点：

红色旅游必须走主题化道路。要结合现实工作的需要，深入挖掘红色旅游内涵，明确活动主题，开展红色旅游。如学习贯彻党的十九大精神、开展“两学一做”“三会一课”学习教育等，到“三湾改编”“朱毛挑粮小道”“三大纪律、八项注意”发源地、“红井”等景区景点培训讲解，目击为证，不忘初心。

红色旅游必须走生活化道路。针对许多红色旅游产品缺少吸引力，项目内涵空乏、展陈方式单一、表现手段落后，不适合现代审美观念和旅游者消费取向的问题，发展红色旅游必须在保证思想性的前提下，贴近实际、贴近生活、贴近群众，融知识性、科学性、娱乐性于一体，真正达到寓教于游、以游促教的目的。

红色旅游必须走品牌化道路。以品牌树立形象，以品牌开拓市场，是江西推动红色旅游健康快速发展的重要经验之一。一方面，应加大对基础设施、旅游服务设施、公共服务设施的建设，精心打造红色精品景区，完善红色旅游目的地体系，推出红色精品线路。另一方面，应充分利用媒体宣传、活动推广如举办杜鹃花节、大型实景演出《井冈山》等多种方式，对红

井冈山十里杜鹃林

色旅游品牌进行宣传推广，运用红色文化元素，打造红色旅游商品，增强红色旅游的市场竞争力。

红色旅游必须走融合化道路。旅游产业天生就具有与其他产业融合的特性，红色旅游尤其需要走融合发展的道路。应推进产业内融合，加强与绿色、古色等其他旅游资源融合，形成以红色为主导的多彩旅游产品；推进产业间融合，大力发展“红色旅游＋体育健身”“红色旅游＋户外拓展”“红色旅游＋文化教育”等新型旅游业态；推进景区间融合，以各自不同的特色，形成主题性、复合性线路，满足游客的多元需求。

红色旅游必须走合作化道路。红色旅游不能孤立发展。一方面，应深化国内区域合作。积极开展跨区域、跨省际红色旅游的联合协作发展，如重走长征路，非多省合作难以完成。另一方面，应积极推动红色旅游国际化合作。红色精神是人类的共同财富，国外有很多非常有名的红色景区景点，如在英国的马克思墓、在俄罗斯的中共六大会址等，我们要开展国家之间的合作，鼓励发展民间红色旅游，让红色精神传播久远。

乡村旅游转型升级

乡村旅游是利用乡村独特的自然环境、田园景观、生产经营形态、民俗文化风情、农耕文化、农舍村落等资源，为游客提供观光、休闲、体验、健身、娱乐、购物、度假的一种旅游活动。这既是中国现代农业的一个重要发展方向，又是江西旅游资源最丰富、参与主体最多、受益面最广、带动性最强、发展潜力最大的领域。江西大约有 80% 的旅游资源都集中在乡村，拥有 125 个中国传统村落、116 个省级以上历史文化名镇名村、121 个 A 级乡村旅游景区等等。通过几年的发展和探索，江西乡村旅游呈现出迅猛发展的良好势头，形成了周边游、城郊游、踏青游、观花游、采摘游、摄影游、美食游、养老游、民俗游等丰富多彩的乡村旅游产品，规模以上农家乐突破万家，乡村旅游呈现出“井喷”态势。但我们也清醒地认识到，与旅游业发达省份相比，江西的乡村旅游还面临着同质化严重，产品单一；发展层次不高、基础设施落后；规模化、公司化较少；劳动力素质低、生产的组织化程度低、服务标准低等问题，还处在从自发式粗放发展向规范化特色发展的转型期。

一、新常态下发展乡村旅游具有战略性意义

发展乡村旅游对江西加快旅游强省建设，推动脱贫攻坚，实现与全国同步全面建成小康社会，具有战略性意义。

1. 发展乡村旅游是实现全域旅游的重要内容。

旅游开发可以分为三大板块，景区旅游、城市旅游和乡村旅游。景区旅游是以景区为依托，多以雄奇险峻为特色的山水景观为主要吸引物的一种旅游方式。城市旅游是以城市景观为依托，多以现代时尚、新奇新颖的人文景观为主要吸引物的一种旅游方式。而乡村旅游则是以清新的空气、清澈的山水、清秀的风光、清幽的环境、清纯的民俗为主要吸引物的一种旅游方式。实施全域旅游战略，应充分发挥江西农村地域广袤、旅游资源丰富的优势，满足都市人享受田园风光、回归淳朴民俗、点燃“最美乡愁”的需要，实现与景区旅游、城市旅游的互补发展，培育旅游业新的经济增长点。

2. 发展乡村旅游是实现绿色崛起的重要依托。

江西森林覆盖率高达63.1%，被誉为全国最“绿”的省份之一，全境被列入全国生态文明先行示范区。保护好江西良好的生态环境是旅游产业发展之要。大力发展旅游特别是发展点多面广的乡村旅游，有利于充分释放生态红利，使“绿水青山”转化为“金山银山”，是经济与生态协调发展的有效途径，是生态之美和经济之富的最佳结合，是生态效益和经济效益的有机统一。同时，发展乡村旅游，还可以对生态环境进行有效守护、修复和提升，打造好生态文明建设的“江西样板”。

3. 发展乡村旅游是探索“旅游 +”的重要方式。

旅游产业具有高度的融合性、渗透性和带动性。“旅游 +”是一种旅游开发模式，从本质来讲，就是用旅游的理念和方式来推动经济社会发展。“旅游 +”模式将成为未来产业发展的重大亮点。发展乡村旅游，推动“旅游 + 农业”，有利于促进农业产业结构调整，使单一农业向多元农业转变，使粗放经济向效益经济转变，大大提高农业效益和农村经济发展水平。发展乡村旅游，推动“旅游 + 乡村振兴战略”，有利于有效配置农村各种资源，引导生产要素汇流农村，带动农村基础设施建设和生产发展，改善农村发展环境和村容村貌。发展乡村旅游，推动“旅游 + 文化”，有利于传承乡村文化和工艺，保护古村落及古建筑等。发展乡村旅游，推动“旅游 + 扶贫”，有利于拓宽农民增收渠道，快速、持久地增加农民收入，彻底改变贫困落后面貌，使农民从此走上脱贫致富之路。而且，旅游扶贫

给贫困人口带来的不仅是经济上的脱贫，更重要的是精神上的脱贫，是物质和精神“双脱贫”。

二、努力把乡村旅游打造成江西旅游的新名片

当前和今后一个时期，是江西乡村旅游快速发展的重要机遇期，各地应把服务“三农”和促进绿色崛起作为出发点和落脚点，紧紧围绕功能提升、业态延伸和转型升级三大主题，加大政策扶持，创新发展机制，加快开发乡村旅游产品，全面提升乡村旅游发展质量和服务水平，力争通过三年左右的努力，实现每个县都有 5A 级乡村旅游点的发展目标，使乡村旅游成为江西旅游新的亮丽名片。

1. 强交通便捷通达。

乡村旅游要发展，破除交通瓶颈是关键。应重点抓好县乡

宜丰县天宝古村

汪山土库俯瞰

公路到高速连接线建设，拓宽提升乡村旅游景区与主要干线公路的连接线，打通“最后一公里”，形成全省便捷通畅的乡村旅游公路网络。逐步开通乡村旅游公交线路，将农村客运班线延伸到重点乡村旅游点，基本上形成旅游不转车、不转道的格局。

2. 强基础优化环境。

旅游基础设施是游客顺利开展旅游活动的前提条件，也是承载旅游业能否健康可持续发展的关键。各乡村旅游景区应按照“干净、整洁、便利、规范”的要求，着力完善乡村旅游的基础配套设施，做到“三建、三改、三通、三提升”，不断提高承载能力和水平。“三建”就是建停车场、建购物场所、建游客中心；“三改”就是改水、改厕、改气；“三通”就是通水、通电、通宽带；“三提升”就是提升餐饮、住宿、卫生条件。

3. 强品牌提升影响。

品牌是名片，是招牌，是招徕游客的保证。各地应在进一步扩大乡村旅游规模的同时，将乡村旅游品牌建设作为今后乡村旅游工作的重点，积极整合全省乡村旅游资源，推出一批有市场号召力的乡村旅游精品线路；扎实开展全省休闲农业示范点、A级乡村旅游示范点、旅游名镇名村、旅游休闲小镇、旅游民宿、创意农业园等创建工作，建设一批品牌示范点；不断创新营销模式，通过举办乡村旅游节、油菜花节、脐橙节、采摘节等有特色的民间节庆活动，宣传推广一批品牌资源。

4. 强业态满足需求。

一方面，走特色发展之路。根据自身资源，积极发展“农业观光类”“文化体验类”“民俗农庄类”“科普教育类”“乡村度假类”“休闲运动类”“特色餐饮类”等各类业态，打造一批具有特色的乡村旅游产品。另一方面，走综合发展之路。围绕“住农家屋、吃农家饭、做农家活、买农家品、享农家乐”的目标，打造一批具有品位区、观光区、体验区、休闲区等为一体的乡村旅游综合体。

5. 强管理优化服务。

积极推进乡村旅游服务标准化管理，建立健全乡村旅游住宿、餐饮、娱乐、购物等主要消费环节的服务规范和标准，克服“一类资源、二类开发、三类服务”的状况，引导乡村旅游点通过标准化经营提升规模品质。同时，积极创设地域化、人性化的服务方式，打造服务高地、满意胜地。

6. 强创新搞活经营。

各地必须从当地的实际出发，以当地的资源禀赋和经济社会发展水平为依据，因地制宜，选择合作社模式、公司制模式、公司＋农户模式等适合自身条件的组织模式，平衡各方利益，提高乡村旅游的组织化程度，提升市场竞争能力，为乡村旅游的可持续发展提供良好的组织基础。

三、大力推进江西旅游扶贫工作

党中央高度关注扶贫工作，明确提出到 2020 年我国农村贫困人口要全部脱贫，全面建成小康社会。在这次扶贫攻坚战中，旅游成了主战场。就江西而言，到 2020 年，要通过发展旅游力争带动 20% 以上的贫困人口，55 万人实现脱贫。为此，必须突出重点，全力攻坚。

1. 选准落点。

应紧紧围绕全省确定的“十三五”期间 2800 余个贫困村和现存的 200 余万建档立卡贫困人口为目标，选准落点，精准发力。一方面，开展好试点工作。各级旅游部门应加强与扶贫部门的协调配合，指导、制订试点工作方案，组织好项目实施，让贫困群众分享到旅游资源开发的成果和旅游产业发展的红利。另一方面，确定今后三年旅游扶贫重点。旅游部门和扶贫部门应对全省贫困村进行精准摸底，根据资源特色，按照先易后难、集中布局的原则，确定旅游扶贫村名单。对于资源禀赋和周边交通等基础设施条件相对比较好，发展乡村旅游扶贫潜力大、前景好的村先行安排，确保这些贫困村通过发展乡村旅游率先脱贫。

2. 做好项目。

旅游扶贫的成效关键在于旅游扶贫项目的选择。应积极探索支持贫困地区农村旅游扶贫的有效措施，形成一批带动性强、示范性好的乡村旅游项目，推动贫困地区乡村旅游业发展，加快贫困群众脱贫致富步伐。做好乡村旅游规划扶贫项目，配套相应的人财物资源，为贫困村编制出能实施、快脱贫的旅游发展规划。本着量力而行、厉行节约的原则，积极做好道路交通、餐饮、旅馆等基础设施建设项目。对需要在乡村旅游开发中重点保护的自然生态、文物古籍、传统民居、文化遗产，组织专门队伍做好环境影响评价和保护修缮工作。

3. 加强引导。

积极整合各种资源，根据贫困人口的实际困难给予资金直补、贷款贴息、保费补贴、结对帮扶、技能培训、资产收益等方面政策的叠加扶持。积极引导贫困人口以商品生产、餐饮服务、住宿接待、经营活动、景区管理、物业管理、企业就业等形式参与旅游产业，从事旅游接待、旅游服务、旅游项目、娱乐表演、商品生产与销售等方面的工作，使乡村剩余劳动力得到有效利用，提高贫困群众的收入和生活水平。

4. 培训人才。

应按照“走出去、请进来”的思路，开展乡村旅游扶贫试点村村干部培训，重点培养三种人（明白人、引路人、带头人）。积极利用“雨露计划”等培训政策资金，大力扶助贫困户接受餐饮、娱乐、表演、导游、手工艺制作等旅游实用技能培训，培养贫困地区本土人才，提高贫困群众能力素质，夯实自我发展基础。

温泉旅游蓬勃兴旺

温泉旅游是重要旅游产品，深受旅游者喜爱。和其他类型的度假旅游产品相比较，温泉旅游资源一般分布范围广泛、离客源地距离较近、旅游者的旅游消费成本较低、具有明显的医疗保健效果等特点。江西省温泉旅游资源丰富，数量多、流量大、品质高，富含多种对人体有利的矿物质。将江西打造成休闲度假胜地，温泉旅游大有可为。

一、温泉旅游将成新的生活方式

未来几年，是我国经济发展的重要战略机遇期，旅游产业将迎来新一轮发展“黄金期”。温泉旅游作为新兴的旅游主题，是温泉养生功能与休闲度假旅游的完美融合，具有低碳环保、疗养保健、治病延年、适宜多次消费、拓展旅游时间等特点，延伸产业多、带动能力强、发展潜力大，被誉为“朝阳产业中的朝阳”。温泉旅游将成为21世纪最盛行的旅游方式之一，同时也将逐步成为人们的一种生活方式。谁掌握了温泉资源，谁就掌握了未来旅游的主导权。加快发展温泉旅游，对于繁荣

庐山温泉

旅游经济，转变经济发展方式，培育新的经济增长点，实现江西绿色崛起具有十分重要的意义。

一是温泉旅游为反季节旅游，有利于变旅游淡季为旺季。

江西以山岳型旅游景区为主，旅游季节性非常明显，一般3—10月份为旅游旺季，11月—2月份由于气候偏冷，游客稀少。而温泉旅游恰恰是在秋冬季节最具吸引力，让游客在寒冷的秋冬季感受到浓浓的暖意，能有效地弥补江西秋冬季旅游吸引力不足的问题。

二是温泉旅游重复消费性强，有利于促进旅游市场繁荣。

传统的观光旅游源于新奇，游客看过之后很少会多次重复游览。而温泉旅游源于传统的沐浴文化，贴近生活，老少皆宜，具有休闲体验的特性，可以重复多次消费。尤其是现代温泉旅游区，大多集温泉沐浴、SPA药浴、健身、疗养、娱乐、美食与一体，形式多样，温泉洗浴过程可彻底放松游客身心。这种舒服感可以让游客滞留多日，百泡不厌。比如在宜春的温汤镇，有很多上海、浙江的游客在这里度假疗养，短则一周，长则三五个月，他们每天自备小桶到古井拎水，坐在回廊泡脚，或在住处泡养，在健康疗养的同时，也拉动了当地消费。

三是温泉旅游延长旅游时间，有利于增加旅游综合收入。

据市场调查显示，周边有温泉的景区，游客多选择游览后泡个温泉，必然要吃住，大大延长了逗留时间，增加了消费。江西温泉大多分布在著名的景区周围或中心旅游城市周边，温泉旅游的开发，有利于丰富旅游产品体系，实现旅游线路的差异化，提升品牌的知名度和吸引力。比如来明月山游客多数都是白天爬山，晚上泡泉，吸引力强，形成以泉促山，以山带泉，相互促进的发展格局。

四是温泉旅游保健作用明显，有利于促进人体健康。

温泉洗浴对人体的神经系统、血液循环系统、内分泌系统、运动系统以及各种慢性皮肤病具有独特的治疗保健作用。省卫计委的化验报告表明，宜春温汤的温泉是一种罕见的富硒温泉，有明显的强身健体及抗癌作用，对风湿、类风湿、坐骨神经痛、颈椎病、腰椎间盘突出症、腰肌劳损等运动系统和神经系统疾病有独特的疗效，对心血管、消化、泌尿系统疾病也有显著疗效。庐山星子温泉富含氡，能增强机体各种代谢，具有镇静、止痛、消炎、脱敏、改善血液成分的作用。

五是温泉旅游拉动能力强，有利于拓宽创业就业渠道。

温泉旅游涉及“行、泡、疗、健、吃、住、购、娱”等要素，产业链长，延伸性强，具有就业容量大、门槛低、范围广等特点，对不同类型、不同层次的劳动力都有需求，直接为居民提供多种就业岗位。在温泉旅游的带动下，很多有胆识、有能力的居民借助温泉开发这一平台，开设农家乐，开发温泉农副产品，在家乡创业致富。以星子温泉旅游度假区为例，温泉开发带动了周边大批居民就业致富，旺季本地适龄就业人员供不应求。

六是温泉旅游功能独特，有利于提高居民幸福指数。

随着经济社会的发展，休闲度假已成为衡量一个地方居民幸福指数的重要标准。温泉旅游度假区为人们创造一种舒适、安全、健康的美好环境，营造一种生态绿色休闲空间，带给人们健康快乐生活理念，并巧妙地将游乐、康体、养生、保健、休闲、度假等有机结合在一起，让人们全方位地放松，使温泉旅游成为当代居民健康生活方式的一部分。

七是温泉旅游收益显著，有利于推进当地经济社会发展。

温泉旅游处于产业链的高端位置，纵向能拉动处于下游的沐浴、桑拿、按摩、健身、体检等系列休闲产业，横向可辐射房产、餐饮、服务、娱乐等行业的发展，对地方经济的拉动效应要远高于普通旅游项目。哪里的温泉开发起来了，哪里的水、电、路、通讯等基础设施建设就会更配套，卫生、安全、救援、信息等服务机制就会更健全，文博、体育、公交、市政等服务设施就会更完善，带动整个社会公共服务水平的提升。可以肯定地说，凡是靠近温泉景区的地方，住房价格普遍上涨，群众收入普遍提高，服务设施普遍改善。比如，宜春明月山周边，有7家达到四星级以上标准的酒店，上海人在此购房者5000余户；在庐山市（原星子县）城区，也至少有7家四星级以上标准的酒店，在江西全省居于领先地位。

二、发展温泉旅游的机遇与挑战

江西山清水秀，民风淳朴，旅游资源丰富，产业基础坚实，为温泉旅游发展创造了难得的发展机遇。

一是温泉资源丰富。

目前，全省已发现100余处天然出露的温泉，其中，温度在50度以上的就有60余处，分布在全省11个设区市的57个县（市、区），赣州、宜春、九江分列一、二、三位，且水质好，富含多种微量元素，具有独特的祛病疗养保健功能，非常适宜旅游开发。比如，温汤富硒温泉是中国目前发现的少数可以与法国埃克斯温泉相媲美的优质温泉；庐山星子温泉是全国著名的富氡温泉，素有“江南第一温泉”之美誉。温泉经济具有明显的区域特征，区域内的资源比较优势可以有效转化为产业优势。据统计，江西温泉点总数位居全国第6位，地热资源总量在全国居前列，是我国地热资源大省之一，与周边地区相比资源优势明显，温泉旅游具有很大的潜力和空间。

二是消费需求旺盛。

随着现代化、城市化和都市生活节奏的不断加快，人们对休闲和健康越来越重视，休闲度假已成为旅游出行的重要选择。温泉旅游正以其独特的休闲度假、康体养生、文化娱乐等优势，成为人们旅游的主要消费方式。同时，随着我国居民生活水平不断提高，温泉沐浴、温泉旅游已不再是“奢侈品”，正逐步走入寻常百姓家，客源市场迅速扩大。

三是产业基础坚实。

近年来，江西道路交通建设快速发展，航空、铁路、公路交通体系日益完善，尤其是高铁时代的来临，为旅游产业发展提供了前所未有的交通便利，使许多温泉富集区与长珠闽等发达地区的距离进一步拉近，市场空间不断扩大。同时，全省旅游产业体系和配套服务设施的不断完善，产业发展环境的明显改善，为我省温泉旅游大发展创造了有利的条件。

四是发展环境良好。

江西省委、省政府明确提出建设旅游强省目标，并且将温泉旅游作为其中重要一环。组织地质、勘探部门帮助寻找温泉资源，将温泉旅游项目列入省重点调度项目，帮助融资贷款，给予土地开发指标，积极营造外部环境，对优质的项目给予奖励。目前，全省已建成 38 处温泉旅游区，为发展地方经济、增加百姓的幸福感、繁荣旅游产业发挥了积极的作用，提升了江西温泉旅游的知名度和影响力。

当然，江西温泉旅游发展还面临着诸多的挑战：

一是整体开发利用水平不高。

现在仅开发了已知温泉点的 1/4。除少部分温泉点开发利用程度较高外，大多数由于技术、资金、基础设施等因素的制约，还处于浅开发或待开发状态。产品体系还不完善，局限于疗养、洗浴等功能，休闲、健身、观光、科普等综合性项目开发不足，上档次、高品位、多功能和高效益的产品较少。同时，现有温泉旅游区经营管理不规范，配套设施滞后，接待服务水平偏低。

二是温泉旅游市场竞争激烈。

由于市场前景看好，我国温泉已经由经济发达地区快速向中西部地区发展，形成全国温泉旅游开发的热潮。辽宁省提出

庐山温泉度假村

打造全国温泉旅游第一大省；广东省是我国温泉旅游的先行者，在温泉旅游开发和营销上已占得先机；重庆温泉旅游品质高雅；福建温泉旅游近年来快速发展，品牌影响力得到很大提升；湖北温泉旅游是后起之秀，对江西温泉旅游发展形成了一定的压力。

三是经营管理体制机制不活。

目前，全省温泉地热资源存在多头管理、条块分割、运行机制不顺畅等诸多问题，导致开发进展缓慢、利用水平偏低、经济效益较差。主要表现为：部分温泉资源缺乏统一管理，处于任意采用的无序状态；已开发的温泉点各自为政，处于分散打井和自采自用的粗放利用阶段，资源滥采和浪费现象严重；温泉资源开发过程中，勘探、开发、属地三方之间利益关系缺乏有效协调，影响了勘探者、投资者、开发者的信心，制约了温泉旅游发展。

三、发展温泉旅游的目标与路径

今后五年，是江西温泉旅游发展的重要机遇期。我们的建议是，紧扣旅游强省的发展战略，明确发展目标，突出发展重点，落实发展举措，促进全省温泉旅游快速发展。

1. 明确发展目标

江西温泉旅游发展的总体目标是：充分发挥温泉旅游资源优势，紧贴旅游消费市场，深入挖掘文化内涵，有效整合优势资源，以打造温泉旅游精品目的地为重点，提高全省温泉旅游的核心竞争力，形成“两区三片”（两区：赣西、赣南特色温泉旅游区，三片：赣北、赣中、赣东温泉旅游片）的温泉旅游产业发展格局，使温泉旅游成为江西旅游的亮点和国民经济新的增长点。

2. 突出发展重点

一是要在产业发展规模上实现突破。要进一步发挥资源优势，加快温泉勘探、加快开采步伐、加快项目建设、加快形成规模，尽快建成 4 个国家级温泉旅游度假区、10 个省级温泉精品旅游度假区、15 个温泉旅游特色镇和 36 个温泉旅游度假村，使温泉旅游成为拉动全省旅游经济增长的强大引擎。

二是要在产业发展水平上实现突破。要推进现有温泉旅游区提质增效，丰富服务内容，提高产品档次，实现温泉游憩方式创新化、温泉经营特色化、泡浴方式多样化、温泉开发持续化、行业服务规范化。要充分利用温泉旅游综合性强、带动力大、辐射面广的特点，大力发展相关产业，推动温泉旅游与金融服务、信息咨询、文化创意、影视娱乐、会展博览、景观地产、疗养保健等现代服务业互动发展，与工业、农业、体育、文化、卫生等行业有机结合，推动温泉旅游向多元产业方向发展，延长产业链和增值链，提升温泉旅游产业发展水平。

3. 落实发展举措

一是着力打造精品项目。温泉旅游要实现超常规发展，一定要有大气魄、大手笔、大项目、大品牌。要按照“注重特色、差异发展”的原则，高起点策划和包装一批效益好、水平高的大项目。积极引进资本实力雄厚、具有战略眼光的投资主体，合理有序开发温泉旅游资源。加强交通基础设施建设和温泉旅游目的地城镇建设，不断完善温泉所在地的供电、消防、环卫、道路等市政基础设施和娱乐、购物、接待等重要环节的配套设施。在项目建设上把好关，坚决杜绝求短利乱开发、低水平滥开发现象。要按照提升质量、高端建设、集约发展的要求，把特色做优、精品做强、品牌做响，努力打造江西温泉旅游精特产品体系。

二是着力加强宣传营销。要根据全省旅游形象定位，找准温泉旅游的主题形象，比如，“赣鄱生态福地，温泉休闲乐园”“江西风景独好，温泉润泽天下”等宣传语，从不同角度勾画温泉旅游在江西旅游中的鲜明形象。要广泛利用互联网、报刊、电视、广播等多种新闻媒体和开展各种温泉旅游节庆活动，将温泉旅游作为省级对外旅游宣传的重要内容，向海内外进行整体推广。要大力宣传温泉文化，使温泉度假旅游消费方式成为新的消费时尚。要认真研究省内和周边主要客源市场的消费特点，有针对性地进行宣传和营销，快速提升我省温泉旅游的知名度和影响力。

三是着力强化管理服务。要加强对温泉资源开发利用过程中的监控力度，杜绝“竭泉而浴”，确保温泉资源的可持续利用。要加强温泉旅游景区及周边环境保护，在景区规划范围内不得布局与温泉旅游无关的产业，尤其要杜绝高耗能、高污染的工矿企业；温泉旅游开发企业要切实做好废水处理、环境污染治理和生态恢复工作。要加强行业管理，强化对温泉旅游经营环境、接待设施和设备、接待服务、温泉卫生、温泉旅游行为等的规范化管理，加快制定和推广温泉旅游设施标准和服务规范。要规范温泉旅游市场秩序，加强行业自律，杜绝假冒伪劣温泉旅游产品，打击各种欺诈、蒙骗等扰乱市场秩序的行为，杜绝不正当竞争行为。要加大人才培养力度，通过各种层次的教育培训，培养温泉旅游产品研发、营销策划、企业管理等方面的专业人才；通过创造良好的用人环境，吸引并留住人才，为打造温泉旅游产业强省奠定人才基础。

四是着力创新体制机制。要打破思维定式，进一步解放思想，把体制机制创新摆在更加突出的位置。要以产权制度改革为核心，鼓励和支持实力雄厚、管理先进、责任心强的大企业取得温泉资源的开发经营权，培育壮大市场主体。要采取多种鼓励措施，通过参股、兼并、股权置换、企业重组等多种方式，引导各方资金加大对温泉旅游发展的投入力度，构建多元化投融资体系。要理顺资源管理体制，打破部门分割、条块分割、区划分割，探索建立温泉地热资源勘探、开采有机协调、相互配合的高效运行机制和温泉资源一体化管理、企业化运作的有效形式。

康养旅游正逢其时

旅游产业是此次新冠肺炎疫情创伤最为严重的产业之一。如何化“危”为机，有多种方案。我认为，发展健康养生旅游是一条可选择的正确路径。康养旅游是建立在自然生态和人文环境基础上，结合风景观赏、文化娱乐、身体检测、医学治疗、春观花、夏避暑、秋赏月、冬泡泉等形式，以达到放松身心、怡情养性、祛邪扶正、延年益寿等目的的深度旅游体验活动。与传统旅游形态相比，具有滞留时间长、旅游节奏慢、消费能力强、重游率高、强身健体等特点，是传统旅游产业的升级版。江西山清水秀，人文荟萃，旅游资源丰富，具备发展康养旅游的独特优势和基础条件。

一、发展康养旅游意义重大

1. 有利于抢抓健康养生产业迅猛发展的重大机遇。

随着人民生活水平的不断提高，加之工作和生活环境等各种压力，特别是新冠肺炎疫情爆发后，人们对生活质量、身心健康、免疫能力的

灵山云雾风光

关注越来越多，对健康养生休闲度假的需求爆发式增长，成为了继温饱需求之后的又一市场主流趋势和时代发展热点。特别是老龄化社会的加速到来，我国60岁以上老年人口已经超过2.5亿，未来人口高龄化的趋势将更加明显，对健康养生的需求也必将大幅增长。国际著名经济学家保罗·皮尔泽在《财富第五波》中称“健康产业”是继农业、工业、商业、IT业之后的“全球财富第五波”。各国均争相打造健康养生度假旅游目的地。我国健康养生产业也在近年内急速升温，成为了一个高速发展的朝阳产业。在这种形势下，江西发展健康养生度假旅游，顺应了健康服务业发展的大趋势，蕴含着广阔的市场空间。

2. 有利于积极应对旅游市场的巨大变化。

当前，国内旅游市场正在发生深刻而巨大的变革。一方面，散客时代全面到来。旅行社举着旗子拉练式的传统观光团队大大减少，而家人朋友一起出游成为常态，散客出现了前所未有的井喷，许多景区跟团游和自由行的比例已经由以往的7 ∶ 3变为2 ∶ 8。散客时代一个重要特征就是需求的多样性，不再是千篇一律按照旅行社指定的行程完成旅行，旅游者可根据自己的时间和需求来规划旅游行程。另一方面，旅游休闲时代已经来临。节假日制度和带薪休假制度的日益完善，“说走就走的旅行”成为现实，微旅游、城市周边游、乡村休闲游、周末自驾游、森林采摘游、河湖垂钓游等成为旅游新时尚。游客不再是走马观花，更加注重旅游过程中的体验，也更加追求旅游的舒适度，纯粹的观光旅游已经越来越不能满足游客的需要。同时，随着公款公务旅游消费的消失和旅游房地产市场的调整，找到持续推动旅游业发展的战略力量和新的商业模式是当务之急。因此，培养新型旅游业态，发展健康养生休闲度假旅游是适应旅游新常态的迫切需要。

3. 有利于打破门票依赖、提高旅游综合收入。

当前，江西旅游六要素中吃住行游等强制性消费占比过高，而购娱等主动性消费占比较低，只有 40%。江西旅游的成功，只要把强制性消费与自主性消费的比例倒置就可以实现。但如何保证景区门票下降但旅游总收入反增，关键就是要转型。康养旅游相对于传统的观光旅游，滞留时间长、消费能力强、重游率高，是增加游客综合消费的有效手段。

二、江西发展康养旅游极具优势

1. 生态环境全国一流。

江西山水宜人、环境优美、底蕴深厚，具备独特的健康养生休闲度假旅游自然条件。森林覆盖率位居全国第二位，候鸟总数位居全国第一，综合空气环境质量在国家二级标准以上，位居全国前列，单位空气中负氧离子含量年平均值，超过了世界卫生组织规定的清洁空气标准，全境被列为国家首批生态文明示范区。研究表明，负氧离子含量若小于每立方厘米25个，人就会出现恶心、头痛、晕眩、疲劳的症状；而含量若大于每立方厘米1万个，人就会因代谢活跃而心情舒畅，食欲增加，精力充沛；若大于每立方厘米10万个以上，就可用来治疗某些疾病。江西大多数县市和景区的负氧离子含量在每立方厘米10万个以上。清新的空气是发展健康养生休闲产业最大的优势。

2. 温泉资源独具特色。

江西温泉数量多、分布广、类型全，境内温泉地热点总数居周边领先、全国第7，温泉热水水质类型以重碳酸钠（钙）或硫酸重碳酸钠（钙）型中性微矿化水为主，含对人体有益的微量矿物元素20多种，对养颜护肤、强身健体、治愈疾病、防癌抗癌有特殊功效。宜春温汤富硒温泉、庐山富氡温泉、樟树盐温泉等温泉驰名海内外。

3. 医药资源非常丰富。

江西药材种植面积广、品种多，境内中药资源达2061种，并且药材地道、高质、无污染。樟树药帮与京帮、川帮并称为全国三大药帮，樟树市也是全国唯一被认定的“中国药都”。中药材种植炮制规范，是优秀传统品牌产品，具有良好的信誉，深受群众欢迎，形成了汇仁、江中、济民可信、仁和药业等中成药生产排头兵企业。历代名医辈出，医家纷呈，著述丰富。

4. 宗教文化底蕴深厚。

江西既是道教正一派的发祥地，又是其他一些道教教派的衍生地，拥有道教5小洞天12福地；既是佛教中国化的重要基地，更是禅宗圣地。江西还是丛林寺庙和百丈清规的发源地。道教、佛教均在健康养生方面有着独特的见解。如道教祖庭龙虎山，在中国道教养生史上有着举足轻重的地位，形成了“道法自然”“重人贵生”“少私寡欲”等一系列独特的养生保健理论和方法，大多是对人体康健有积极作用的宝贵经验与珍贵资料，是我国传统养生文化的重要组成部分。

5. 交通区位条件优越。

江西紧邻长三角、珠三角和闽东南三角区，在高铁、高速的支持下与上海、杭州、南京、广州、深圳、福州、厦门、武汉、长沙等重点客源城市的联系得到进一步加强。这些条件使江西最有可能成为长珠闽健康养生休闲度假旅游消费群体的首选地和必选地。

6. 产业发展基础扎实。

江西康养旅游的魅力日渐显露，庐山休闲避暑游、井冈山红色文化体验游、三清山栈道运动游、龙虎山道教体验游、武功山帐篷露营游、景德镇陶瓷文化游、赣州客家风情游、宜春温汤养生游、靖安宝峰禅修打坐游、婺源乡村度假游、丫山医疗康养游、仙女湖爱情文化游等等都已经成为国内外知名的健康养生休闲度假旅游产品。南昌岐黄国医外国政要体验中心、抚州崇仁源野生林教育乐园、中国洞都旅游区、“寻梦龙虎山”“梦里老家”“天下三清”“明月千古情”等一批健康养生休闲度假旅游新项目顺利运行。

三清山——“巨蟒出山”景点

三、打造全国康养旅游最佳目的地

江西要紧扣旅游产业转型升级大局，按照品牌引领、业态支撑、空间拓展、服务强化的原则，积极推进健康养生休闲度假业态创新发展，打造一批各具特色的健康养生休闲度假基地，形成业态丰富、优势明显的康养产业体系，力争建成全国健康养生休闲度假旅游最佳目的地。

1. 坚持差异化定位，打造具有比较优势的康养旅游产品

突出江西的资源优势和产业特点，打造具有比较优势的健康养生休闲度假旅游业态。重点可以发展六类优势业态：一是生态养生休闲度假旅游。依托良好的生态环境、繁茂的森林植被、富足的负氧离子，大力发展景区森林浴、天然氧吧、竹林疗养、漂流垂钓等产品。二是温泉养生休闲度假旅游。依托丰富的温泉资源，大力发展温泉度假、温泉康体、温泉疗养等产品，推动温泉资源的综合开发利用。三是中医养生休闲度假旅游。依托中医药资源丰富的特点，突出中医“治未病”和保健理念，大力发展药膳保健、中医疗养、慢病预防、针灸推拿等产品。四是运动养生休闲度假旅游。依托山地丘陵面积占国土面积78%的特点，大力发展山地越野、山地自行车、山地摩托、山地汽车、野外探险、户外露营、攀岩等山地户外运动康体养生产品。五是田园养生休闲度假旅游。依托优美的山水田园景观和丰富而独特的乡村民俗文化，大力发展田园风光、果实采摘、农家餐饮、古宅度假等产品。六是宗教养生休闲度假旅游。依托江西在佛教、道教上的独特地位，大力发展禅修基地、道教养生、素食餐饮等产品。

2. 坚持特色化路线，走出一条创新融合的旅游发展新路

打造各具特色的健康养生休闲度假旅游产品，关键是要创新、融合。比如，婺源县九思堂度假宅院，利用一座建于公元1902年的徽商老宅，经过全面修缮和改造，成为一座生活度假宅院，形式非常新颖，受到市场热捧。樟树中国古海养生旅游度假区，将原本是工业原料的岩盐资源，成功创意打造成“湛

婺源理坑村

蓝的神奇死海”养生旅游产品。

3. 坚持集群化建设，建设一批健康养生休闲度假旅游产业集聚区

通过优势资源集中、土地集约、项目集聚的产业开发模式，培育一批具有示范意义的健康养生休闲度假旅游产业集聚区，即以南昌梅岭、宜春樟树为核心的中医药养生休闲区，以庐山及庐山西海为核心的山湖一体休闲养生区，以景德镇陶瓷文化为核心的瓷文化休闲度假区，以武功山为核心的户外运动体验区，以仙女湖为核心的爱情文化休闲度假区，以龙虎山为核心的道都养生度假区，以赣南客家文化为载体的客家风情健康养生区，以宜春禅宗祖庭和温泉为依托的禅山圣水养生度假区，以婺源和三清山为核心的乡村健康养生度假区，以井冈山为核心的红色体验养生休闲区，以抚州为核心的文化教育休闲区。同时，围绕上述健康养生休闲度假旅游产业集群区，积极开辟以“养生福地，健康江西”为主题的健康养生休闲度假旅游线路，使江西成为健康旅游产业发展的示范省，全国健康旅游的首选

新余仙女湖

地、优选地和必选地。

4. 坚持优质化服务，努力提升健康养生服务质量和水平

旅游业的竞争，很大程度上是旅游服务质量的竞争。一是推进服务设施的现代化。按照“快旅慢游”的要求，加快改善旅游交通、住宿、餐饮、卫生、厕所、通讯等方面条件，推进旅游线路、旅游目的地和旅游景区游客服务中心、游客休息站等公共服务设施和配套设施建设，使旅游者“食有特色、住有选择、行之方便、游之尽兴、娱之快乐、购之丰富”。二是推进服务体系的标准化。全面梳理现有相关健康养生休闲度假旅游政策法规，出台具体的服务标准、服务内容、服务收费等相关文件，为健康养生休闲度假旅游产业的发展奠定基础。三是推进服务品质的人性化。健康养生休闲度假旅游更加注重留住

游客、让游客“回头”。必须把“以人为本”的服务理念体现到每一个方面、每一个环节、每一位从业人员，着重在贴心、细心、用心上下功夫，于细节处塑造文明旅游形象。

5. 坚持信息化推进，构建智慧旅游服务管理营销体系

随着现代信息技术的迅猛发展，互联网正深刻改变着世界经济社会的发展格局，旅游信息技术应用层出不穷，在线旅游市场蓬勃兴起。很多游客从出发乘车到景点参观、吃饭住宿全部是出发前上网搞定。要充分认识旅游业发展的新形势，以“智慧旅游”为切入点，加快建立信息化网络服务体系，大力发展旅游电子政务、电子商务，提供机（车）票、酒店、旅行社、旅游产品等网上查询、预售和结算服务。推进智慧管理，及时准确地掌握游客的旅游活动信息和旅游企业的经营信息，实现旅游行业监管从传统的被动处理、事后管理向过程管理和实时管理转变。创新智慧旅游营销方式，构建多平台多渠道网络营销体系，推进 5G+VR 实景虚拟旅游在线营销。

森林旅游前程似锦

森林旅游是依托森林资源开展的旅游活动，提供观光游览、休闲度假、健身康养、野营探险、自然体验和科普教育等多种旅游产品。在江西工作的近 10 年里，我走遍全省 100 县，看遍了这里的山山水水，经常思考要如何发挥生态资源优势，打通绿水青山和金山银山的双向转化通道，从红色、山水、温泉、乡村等旅游发展角度进行过探讨。这两年到人大工作后，与林业部门接触较多，特别是这段时间与省林业局一起筹办森林旅游节，豁然发现森林旅游已迎来了新的发展机遇，大力推进正当其时。森林旅游是绿色产业和富民产业，更是健康产业和幸福产业。江西森林资源丰富，旅游基础和区位优势凸显，发展森林旅游，是江西向特色优势要竞争力，打造旅游强省、建设富裕美丽幸福现代化江西、实现江西绿色崛起的一条重要路径。

一、森林旅游是新时代旅游新业态

随着我国步入全面小康社会，人们可支配的时间和收入增多，回归、亲近自然的森林旅游正成为人们扩大精神文化消费的热点。统计数据显示，2018 年，全国森林旅游游客量突破 16 亿人次，占国内旅游人数的 1/3，创造社会综合产值近 1.5 万亿元。发展森林旅游将有效打通绿水青山与金山银山的转换通道，满足人们亲近自然、回归自然的需求，是实现森林资源产品供给侧改革的重要目标。

1. 人民美好生活需求的必然选择。

“环境就是民生，青山就是美丽，蓝天也是幸福。”我国已迈入全面小康社会，人民日益增长的美好生活需要中一个重要内容就是对生态产品的需求。森林是人类文明的摇篮，对森林的热爱是人类的天赋禀性。“仁者乐山、智者乐水”，山水文化是我国传统文化的重要组成部分，“采菊东篱下，悠然见南山”是中国人理想的生活方式。青山秀水间充满了文人高仕、典丽华章的历史背影，将厚重的悠久文化与独具特色的森林景观融为一体，形成了极具人文价值和审美价值的景观。森林还是人类生存的最佳环境，是人类最好的养生之地和“保健医生”。森林负氧离子含量丰富，森林旅游能满足游客健身康养的需求，有利于游客积极休息、缓解压力，转换心情，对亚健康人群具有很好康复作用。千变万化的自然景观，千姿百态的野生动植物，能满足人们增长知识、开阔视野、求新求异的需求。复杂的地质构造、崎岖的山野小道，能满足游客锻炼意志、达到全面发展的需求。森林资源优越的地方，往往集自然风光、历史文化、民俗风情和独特的生物气候资源于一体，可使游客写生、绘画、摄影、创作构思、陶冶情操等艺术灵感得以激活，极大地满足现代游客多样化的高端需求。特别是在养老产业和青少年研学求知上，森林旅游有着得天独厚的优势。可以预见，随着国家富强和人民富裕，森林旅游必将迎来更大发展。

2. 林产品供给侧改革的必然结果。

我国社会主要矛盾的变化倒逼各行各业迅速转变发展方式，推动供给侧结构性改革，提供适合时代要求的新产品。旅游业对生态环境影响小，就业率高，富民效果强，是国家和地区发展到高级阶段后的必然选择。森林旅游是林产品发展的高级阶段，变木头经济为森林资源的综合利用，是传统林业向休闲养生的转型升级，必将促进林业和旅游业的可持续发展。传统意义的林区往往意味着贫穷落后，林农“守着金饭碗讨饭”的问题突出。旅游产业具有高度融合性、渗透性和带动性，用“旅游＋森林”的发展模式盘活森林资源，促进林区产业结构调整，有效地配置各种资源和要素，带动林下经济等多种产业发展，调节社会再分配，促进林区百姓致富，增进人民福祉，真正实现人与自然和谐共生理念，形成绿色发展方式和生活方式，在生产发展、生活富裕、生态良好的文明发展道路上阔步前行。

二、森林旅游是江西绿色崛起的有效路径

江西青山绿水，生态优良。从地形上看，江西宛如一颗镶嵌在中国版图上的“绿宝石”，全省森林覆盖率高达 63.1%，多年稳居全国前列，被誉为中国最绿的省份之一，是全国三个国家生态文明试验区之一。江西还拥有甘甜的空气，在每立方厘米空气中，负氧离子含量年平均值达 1070 个，超过世界卫

生组织规定的清洁空气标准。“庐山天下悠、三清天下秀、龙虎天下绝”，绿色生态是江西最大财富、最大优势、最大品牌，将绿色优势转化为经济优势是江西的重要任务，森林旅游是其中重要的举措之一。

1. 精准对接中央政策要求。

党的十八大以来，习近平总书记就生态文明建设提出了一系列新理念、新思想、新战略，对江西生态文明建设多次做出重要指示，明确指出：加快构建生态文明体系，做好治山理水、显山露水的文章，打造美丽中国“江西样板”。森林旅游的特点是一种很少或不消耗有形森林资源的可持续发展模式，是绿色产业的重要组成部分，是森林产业中最具活力和发展潜力的新兴产业。发展森林旅游，是生态文明建设的重要任务，是经济社会发展的迫切需求，是推进现代林业发展和旅游业转型升级的强劲动力，必将为生态优势转化为经济发展优势，实现兴赣富民目标，走出一条江西“绿富美”发展新路做出重大贡献。

2. 科学判断江西省情定位。

江西三面环山，一面临水，南面是大庾岭和九连山，东面是武夷山和怀玉山，西面是罗霄山脉和武功山，北依长江。素有“六山二水一分田，一分道路和庄园”之称。市市有名山大川，县县有森林覆盖。江西大多以丘陵、山地为主，盆地、谷地广布，城镇村庄坐落于盆地山谷中，人与山林组成了生命共同体。江西极为适宜树木生长，四季郁郁葱葱，风景秀丽，森林湿地养育了数千万的赣鄱儿女，孕育了厚重的历史文化，并承载着人们脱贫致富的梦想。江西交通便捷，承东启西、连南接北，史

称“吴头楚尾，粤户闽庭”，是珠三角、长三角、闽三角的中心地带，一直被誉为上海、江浙的“后花园”。森林旅游点多面广、内涵丰富，就业率高，富民效果强，可以满足游客的多重目的，有利于聚集资源要素，提升生态保护质量，充分释放生态红利，实现生态美和经济富的最佳结合，达到社会效益和经济效益的有机统一，在绿色崛起中抓住新机遇、谋求新发展、展现新作为。

三、森林旅游渐入佳境

江西高度重视森林旅游发展，由省林业局牵头，大力推进

龟峰石林

林业产业结构调整，坚持保护、管理、发展、利用的方针，充分发挥森林景观资源优势，以森林公园等重点区域森林风景资源为依托，实施森林景观利用提升工程，打基础，建机制，出实招，着力推进森林旅游产业发展。

1. 基础扎实。

省政府及省林业局、省文旅厅等有关部门制定了推进森林旅游发展的系列文件，与广东、福建、广西、湖南签订“森林旅游战略合作协议”，积极引导森林旅游产品开发，不断丰富森林旅游内涵，组织发行“江西风景独好 · 森林旅游”年票，举办森林旅游节，充分利用“互联网+”大力开展森林旅游宣传，

阳岭国家森林公园

首批试点建设乡村森林公园 30 处，2019 年建设 72 处，并明确到 2020 年全省至少建成乡村森林公园 130 处，逐步实现全省每个乡镇建成 1 处乡村森林公园的总体目标。

2. 成效显著。

赣州、鹰潭两市被国家林草局授牌命名为“全国森林旅游示范市”,湾里区和武宁、大余、婺源、资溪等 4 县授牌命名为“全国森林旅游示范县”。梅岭、陡水湖、仰天岗、阳岭等 4 处国家森林公园被江西省生态文明先行示范区领导小组办公室授予“生态文明示范基地”称号。梅岭国家森林公园的“中国（梅岭）国际都市森林休闲节”、三百山国家森林公园的“生态旅游节”、陡水湖国家森林公园的“赏枫节”、明月山国家森林公园的“月亮文化节”、三爪仑国家森林公园的“漂流文化节”等已成为知名森林旅游品牌。实施了江西创建省级示范森林公园办法，评选出三爪仑、阳明湖等省级示范森林公园13处。明月山、龟峰、上清等43处森林公园（景区）被评定为国家5A、4A和3A景区。大力推进森林体验和森林养生基地建设，制定标准和实施方案，分批遴选命名“森林体验”“森林养生”基地共27处。森林旅游规模不断壮大，生态、社会、经济等综合效益稳步增长。据不完全统计，2018年，全省森林旅游景区年接待人数已突破1.64亿人次，实现旅游收入937.2亿元，其中，森林公园接待游客总人数8989.3万人次，森林旅游（康养）直接收入130.4亿元；带动社会就业近4万余人，帮扶建档立卡贫困户达2280户。森林旅游在生态、社会、经济等方面的综合效益稳步增长。

江西森林旅游还存在一些不足，主要表现为发展力度不大，产品单调雷同，大多停留于观光功能，特别是森林旅游中最富特色的康养休闲、野营探险、科普教育等功能发挥不足，内涵贫乏，没有建立起完整的产业链。另外，系统整体规划欠缺、部分地方和人们思想认识还不到位、投融资机制和市场运营机制不活、专业人才不足等问题也不同程度存在。

四、森林旅游大有可为

我国经济建设、政治建设、文化建设、社会建设、生态文明建设五位一体战略布局全面推进，创新、协调、绿色、开放、共享五大理念发展正在全面落实。经济持续稳定发展，收入水平不断提高，消费能力和消费意愿不断增强，人们在生活品质、生活方式、生活习惯等各方面均发生根本性变化，绿色、健康、长寿产品的需求日益增长。江西良好生态环境发展，养老、大健康、文化旅游等政策的出台，逐渐成为市民习惯的节假日阖家出游生活方式等等最终的指向，内容丰富的森林旅游都是一个必然选择。全省上下提高认识、整合资源、高位推动、补齐短板，必将推动江西森林旅游高质量、跨越式发展，“在山上再造一个江西”的赣鄱儿女夙愿将在新时代实现。

1. 转变思想观念。

思路决定出路。发展森林旅游，首先要转变全社会思想观念，深刻认识森林旅游内涵和价值，树立全域旅游发展理念，进行高规格的顶层设计，充分融合旅游观光、休闲度假、养生养老、运动探险、科普教育等多种产品，整合社会各类要素，捏紧拳头，在系统、全局视野下推进森林旅游，这一新型旅游业态必将出现井喷式发展。

2. 创新管理机制。

健全管理机构，强化部门协作，对涉及森林旅游产业的战略、规划、政策等重大问题统一研究、协调和决策，加大森林旅游发展指导和推进力度。拓宽融资渠道，完善投入引导机制，探索政府推动、政策引导、行业主管、市场运行模式。健全收益分配机制，保障森林资源培育和管护者权益。

3. 夯牢发展基础。

坚守绿色生态是江西最大优势的认识，像保护眼睛一样保护生态环境，像对待生命一样对待生态环境。要坚定不移地推行“一长三员”制度，即林长制、护林员、网格员、消防员，科学构建林业资源保护体系，在保护的基础上合理利用，要进一步推进乡村森林公园建设，夯实森林旅游发展的资源基础。精准对接脱贫攻坚和乡村振兴等政策，用好扶持资金，补齐交通、水电、接待设施、环境优化等基础设施短板。强化人才队伍建设，培养高素质专业化的管理、服务从业人员，壮大队伍力量，带动区域发展，调动各利益相关方的积极性。

4. 强化产品开发。

发展森林旅游，需要提升森林质量，明确“四处覆绿、四季鲜花、林珍木贵、多姿多彩”的发展目标，改善森林旅游目的地。要挖掘森林文化，讲好森林故事，如映山红、金丝楠、红豆杉、翠竹香樟、白鹤飞翔的故事，明月姑娘、麻姑献寿、洞天福地、摩崖石刻、佛道祖庭、沧海桑田、掷米成珠的故事，打造森林旅游“一区两带三圈”，即鄱阳湖森林旅游区，武夷山脉、罗霄山脉森林旅游带，幕阜山九岭山脉、三清山怀玉山脉，大庾岭九连山脉森林旅游圈。建设一批休闲度假、保健康复、养生养老基地。

南城麻姑山

5. 打造绿色品牌。

加强政策引导，创建一批森林旅游品牌，形成绿色江西名片。持续创建“全国森林旅游示范市（县）”，提升江西森林旅游在全国的领先地位。积极整合优质资源，推介一批优秀森林康养基地，提升森林康养基地品牌知名度。鼓励建设一批休闲林业观光园区和森林人家，支持森林旅游企业做大做强，鼓励产品集中度高且特色鲜明的森林旅游企业申报森林旅游品牌，打造实力强大的龙头企业和品牌企业。

6. 做好宣传营销。

酒香也怕巷子深，好歌需要好传播。要加大宣传力度，加强对外交流。精心策划多种旅游宣传产品和宣传方式，不仅向周边和国内中心城市宣传，而且要到国外宣传。要精心办好“江西森林旅游节”，充分利用传统媒体和互联网新媒体，智慧旅游大数据等新技术，演绎江西森林旅游产业发展的大戏曲。积极招商引资，引进国有和民营企业发展森林旅游项目，充分发挥江西森林旅游协会的作用，推动发行“江西森旅旅游年票”，创新营销手段，大力培育市场，形成全省上下合力共推森林旅游的新高潮。

旅游演艺制作精良

演艺可以分为三种形式，一是文艺演艺，主要由文化艺术团体表演，目的是丰富人民群众精神生活，增强人民群众精神力量，满足人民群众精神需求；二是旅游演艺，属于旅游“六要素”之一的“娱”，是将“旅游”与“演艺”相结合的新型产品，是把文化推向旅游市场的重要“媒介”，兼具旅游与文化的双重魅力，主要依托著名旅游景区景点，表现地域文化背景、注重体验性和参与性的形式多样的主题商业表演活动；三是“演艺旅游”，主要是指由当地著名旅游演艺节目的文化影响力而带动的一种新型旅游业态，游客是“因演艺，而旅游”，演艺在旅游活动中占据主导地位。当前，旅游人数、演艺水平均已达到发展旅游演艺的基本条件，发展旅游演艺潜力巨大。

一、发展旅游演艺意义重大

近年来，江西省高度重视旅游演艺的发展，经过多方面的挖掘和推动，我省旅游演艺发展不断有了新突破，一大批旅游演艺项目应运而生，如鹰潭的《寻梦龙虎山》、抚州乡音版《临川四梦》、吉安的《井冈山》和《记忆庐陵》、上饶的《印象上饶》、九江的《春江花月夜》、婺源县的《梦里老家》。特别是《寻梦龙虎山》和《梦里老家》两台节目，一个是以道源文化为主题，实现行走式观看方式，别具一格；一个是以记忆乡愁为总纲，围绕春夏秋冬四季，体现婺源商、仕、文、武四大特色，非常有看点。关键是他们能够坚持演出，一年能演出300多天，最多时每天演4场，门票年收入达到了数千万元。但总体来看，相对于旅游发达地区，相对于我省丰富的资源潜力和有利条件，我省旅游演艺还处于初步阶段，在全国有影响、有特色、有吸引力的旅游演艺节目总量较少，全省整体水平仍较为落后。下大决心、花大功夫，集中大家的智慧推进一批有特色、有市场、有影响的精品旅游演艺，推动全省旅游演艺上水平、上品位、上台阶，对于推进旅游强省建设具有重要意义。

1. 大力推进旅游演艺是满足游客日益增长精神文化需求的客观需要。

旅游是高品位的生活方式。随着新生代游客的逐步兴起，大众化、个性化旅游的不断发展，休闲度假旅游趋势的日益增强，高铁时代到来对旅游选择产生的深刻变化，越来越多的游客不再仅仅满足于旅游目的地的游览观光，对旅游的综合功能、对旅游目的地的多业态发展提出了更高的要求，其中也包括对旅游演艺的巨大需求。一台高水准的旅游演艺节目，能让广大游客得到精神上的愉悦、视觉上的享受、文化知识上的丰富和情感上的绵绵回味，因此，“白天看景点，晚上看表演”正成

演艺《牡丹亭》

为越来越多游客的精神文化生活追求，广大游客尤其是对具有当地人文特色、地域特性和民俗特点的演艺项目抱有极大的兴趣和期待。游客的需求就是机遇，也是我们工作的动力和方向。我们一定要推动旅游业由供给管理向需求管理转变，充分挖掘各种潜力，着力发展一批旅游演艺项目，不断满足广大游客的精神文化需求。

2. 大力推进旅游演艺是旅游产业转型升级的客观需要。

当前，我省旅游六要素中吃住行游等强制性消费占比过高，而购娱等自主性消费占比较低，只有 30% 多。要真正推动江西旅游转型升级，其中一项重要的战略任务就是要改变依靠“门票经济”的传统发展老路，促进旅游收入由以门票为主向综合收入转型，把增加旅游收入的着力点切实转到休闲、养生、购物和娱乐等要素的激活和经营上来。积极推进我省旅游演艺的发展就是要做大做强“娱”要素产业，丰富旅游产品和产业体系，提升旅游产业的层次和水平，使旅游演艺成为旅游经济的重要增长点，并通过旅游演艺这一产业平台，增加旅游业的直接收入和间接收入，不断激活游客的二次、三次消费，从而促进旅游综合收入的提高。

3. 大力推进旅游演艺是旅游与文化融合发展的客观需要。

文化是旅游的灵魂，文化的内涵决定着旅游业的品位、精神价值和人文含量。江西历史文化璀璨，是儒学文化的中兴之地、禅宗文化的定型之地、道教文化的发祥之地，又是华夏名贤的荟萃之地、民族艺术的扛鼎之地、农业文明的滥觞之地，更是红色文化的摇篮之地，文化源远流长、博大精深，这是我

古窑景区陶瓷制作

省宝贵的精神财富和精神血脉。大力发展旅游演艺，能够让经典记忆再现、让历史情景复活、让传统文化时尚可亲，使优秀的文化基因得到传承，使历史文化知识得到普及。同时，一台具有浓厚文化气息的旅游演艺节目，也增强了旅游业整体的吸引力、感染力、影响力和竞争力。

4. 大力推进旅游演艺是提升旅游品牌影响力的客观需要。

这些年来，全省把“江西风景独好”作为江西整体形象品牌来打造，取得了巨大成功，如今，“江西风景独好”已唱响大江南北，享誉海内外，受到了广大游客的认知、情感认同和普遍好评。“江西风景独好”品牌具有丰富的内涵，不但包括景观独好、生态独好、人文独好、服务独好等，也应包含“演艺独好”。一台好的旅游演艺节目，一句响亮的台词，一个感人的故事片段，能够使游客增强对江西旅游品牌的深切感受和理解，使“江西风景独好”品牌内涵更丰富、形象更完整，使更多的人深化对江西的了解，加强对江西的关注，从而进一步提升“江西风景独好”品牌的影响力和渗透力，全面增强江西旅游发展新优势。

二、旅游演艺需要开发多层次产品

发展旅游演艺项目必须根据市场需求，开发多层次旅游演艺节目，既要有大手笔大制作，也要有低成本小精品，使旅游演艺成为旅游经济新的增长点。必须坚持政府引导、市场主导、企业运作的原则，着力把握好“文、演、势、市”四个环节，力争做到“策划、演出、营销、经营”四个“一流”。

1. 把握好“文”环节，创新一流的策划。

江西历史底蕴厚重，自然风光优秀，为旅游演艺创作提供了取之不尽、用之不竭的题材。各地各景区要尽量挖掘和选取具有地域文化特色的创作题材，邀请全省乃至全国一流的文人奇才、剧作高手和策划团队进行策划创作。尤其要注重凸显当地的地域特色、鲜活的人物个性、生动的故事情节，以及脍炙人口的流行语言，如，《寻梦龙虎山》讲述的道教起源和发展的故事，剧中的“行走即修行，心境即仙境”两句话，既富有哲理，又朗朗上口、易于流传。同时，要以大众需求为出发点，保持常变常新，使演艺项目具有持久生命力。

2. 把握好“演”的环节，推出一流的演出。

综合来看，江西红色历史、山水实景、道教礼仪、禅宗文化、民俗风情等演艺资源潜力巨大。要学习《长恨歌》《宋城千古情》和《最忆是杭州》的创作经验，组织省内国内一流的实景舞台创作团队来设计和打造实景舞台演艺，实现主题清晰、创意新颖、制作精良、全球视野的目标。在编排上，既要注重人文特色和地域文化，也要遵循舞台表演规律，尽可能“讲好江西故事、展现赣鄱风情”；在内容上，兼顾“阳春白雪”和“下里巴人”，既要坚持思想性、艺术性、高雅性，又要兼顾普通游客的需求，善接地气，讲老百姓听得懂的话，演老百姓看得懂的剧情，唱老百姓能传唱的歌，增强观赏性；在艺术表现手法上，兼顾歌舞、说唱、杂技、武术、魔术等多种艺术形式，使演出欢快、热闹、幽默，喜闻乐见；在技术上，要充分运用声、光、电、景等手段，强化视觉冲击力和现场感染力，让游客在感受震撼场面的同时，充分融入情境表演，使之内涵丰富，回味无穷；在形式上，要注重互动性与体验性，使节目有看头、有听头、有兴头。

3. 把握好“势”环节，进行一流的营销。

引导、引领、吸引观众观看旅游演艺，关键在营销。要着力做好四篇文章，即：新闻媒体的嘴、名人的笔、互联网的技术手段、百姓的口碑。要善于与新闻媒体的记者打交道，采取新闻报道、访谈、专题报道等形式，综合发挥好覆盖面广的优势报纸杂志、广播电视、网络新闻、手机媒体等进行宣传营销。要积极邀请知名文化艺术专家开展座谈评论推介，并通过名人的鉴赏评论文章，使旅游演艺节目在社会上形成良好的反响。要通过微博、微信等互动性好、性价比高的互联网新技术手段进行创意营销，建立健全智慧营销网络。要精心挑选一些易懂、易记、易流行的台词、歌词和广告词，通过特卖推介，强化游客参与，使之成为游客主动推介演艺旅游精品，以达到回忆、回味、回头的效果。

4. 把握好“市”环节，抓好一流的经营。

要树立市场意识，积极引进社会资本，参与到旅游演艺项目中来。要创新演艺企业经营方式，采取科学灵活的价格策略，加强星级服务管理，实行旺季抓服务质量，淡季走普惠路线，使游客看节目赏心、享受服务舒心、得实惠称心。要加强与旅行社等营销平台的合作，实行长效合作、利益共享机制，确保观众群体稳定和饱满。如，杭州《宋城千古情》演艺节目，在与旅行社合作的过程中，舍得让利，激发了各旅行社的积极性，演艺办得有声有色。同时，旅游演艺企业要切实加强内部管理和成本控制，在演员雇佣、服饰道具的配备、各种设备的更新及其他服务外包等方面，精打细算，注重节约成本，使经营企业有效益，演艺发展可持续，保持强大的生命力。

三、为旅游演艺发展创造良好的环境

发展旅游演艺意义重大，影响深远，任务艰巨，必须加强领导，凝聚合力，营造良好环境。

1. 强化管理创新。

旅游管理部门要将旅游演艺发展列入重要的议事日程，加强组织领导，协调解决旅游演艺发展中的各种问题，做到定责问效，切实推动旅游演艺的发展。要将旅游演艺项目列为地方对外招商引资的重点推介项目，尤其要切实吸引省外境外战略投资集团、大型旅游集团和文化企业来赣投资旅游演艺，使旅游演艺实现高起点规划、高水平建设、高标准管理。鼓励省内有实力的文化旅游企业采取参股、联营、合作等方式，投资旅游演艺。深化投融资体制改革，有条件的地方要创立旅游产业和文化产业基金，积极探索政府与社会资本合作的模式（PPP 模式）投资旅游演艺，形成旅游演艺多元化的投入渠道和机制。

2. 强化政策扶持。

旅游演艺是重要的文化服务项目，相关部门要加强引导，把旅游演艺重点项目纳入贷款贴息或补贴范围，涉及文化、旅游发展项目资金，可适当向旅游演艺倾斜，在税收政策、水电价格政策上，旅游演艺企业可享受文化创意企业同等待遇。要大力鼓励支持引导民营资本参加旅游演艺项目投资。加大用地支持，将符合条件的重点旅游演艺项目列入省重大项目，优先安排建设用地计划指标。鼓励金融机构为旅游演艺项目提供信贷支持，对信用状况好、资源优势明显的旅游演艺项目适当放宽担保抵押条件，并在贷款利率上给予优惠。要适时进行旅游演艺项目督查评比，对优秀剧目给予奖励。

3. 强化人才保障。

发展旅游演艺需要强有力的人才智力支撑。要创新办学模式和人才培训机制，为旅游演艺发展打造一支既谙熟文化又精通旅游的复合型、专业型、适用型人才队伍。采取柔性吸引人才策略，积极吸收引进旅游演艺各种高端人才，尤其是高级编导、出色舞台设计师、著名演员、高端经营管理人员等方面的人才，不求所有，但求所用。要优化人才工作环境，做到感情留人、事业留人、待遇留人，使人才引得进、留得住、用得好，为各类优秀人才成就事业创造良好的环境。

4. 强化监督管理。

旅游演艺舞台是公共文化娱乐场所，文化、旅游等部门既要为旅游演艺企业提供服务，也要强化对旅游演艺节目内容的审核把关和日常监督管理，杜绝庸俗、低俗和媚俗的东西在舞台上呈现。要使旅游演艺舞台成为弘扬社会主义核心价值观、开展爱国主义教育的重要阵地，成为代表先进文化、弘扬正能量的传播平台，成为积极向上、健康时尚生活方式的传感器，促进经济效益和社会效益双丰收。要引导企业强化诚信建设，严厉打击不正当经营等行为，维护良好的演艺市场环境和秩序，切实维护游客的正当合法权益。

旅游商品创意新颖

旅游商品从广义上讲，是指旅游者在旅游前、旅游过程中所购买的所有具有交换价值的劳动产品，包括旅游日常消费品、旅游纪念品、旅游线路以及各种服务等。从狭义上讲，则是指旅游者在旅游过程中，出于商业目的以外购买的，能反映旅游地特色的有形商品，主要包括纪念品、工艺品、艺术品、土特产品和日常用品五大类。

近年来，江西省高度重视旅游商品的发展，经过多方面的挖掘和推动，

旅游创意商品——青花胭脂红瓷具

旅游商品——仿鸡缸杯

旅游商品发展有了新突破，一大批知名产品应运而生，如“忆千年古瓷片”“福寿富贵观音手”“鸡缸杯”“木叶天目盏”“砥柱铭微雕”“青花胭脂红瓷具系列”等，旅游商品博览会红红火火，销售额大幅提升，但总体来看，我省旅游商品的发展进度，与发达国家和地区相比，与丰富的旅游资源和旅游业蓬勃发展的态势相比，仍有较大差距，比如，一些地方对旅游商品发展认识不足，旅游目的地与旅游商品结合不紧密，旅游商品的质量不高、包装不精、品牌不响、同质化严重，企业产供销环节脱节等。总的看来，我省旅游业持续快速发展，旅游接待总人数及旅游总收入同比大幅增长，为旅游商品发展提供了良好的外部环境。

一、发展旅游商品意义重大

1. 发展旅游商品是满足旅游市场需求的迫切需要。

随着人们精神物质生活的丰富，旅游形式不断推陈出新，游客对“购”的需求也在发生变化，越来越多人出去旅游，基于馈赠、收藏、使用等目的，经常会买一些旅游商品带回来。中国青年报曾经做过一次问卷调查，高达 92.1% 的受访者会在景区买旅游商品，其中 60.8% 的受访者会购买风味土特产、39.6% 的人会购买工艺美术品、36.7% 的人会购买日用品、21.6% 的人会购买有地方特色的轻工业产品。就江西而言，旅

木叶天目盏

游购物是一大短板。许多外省游客表示，在江西只是游山玩水，没有其他购买欲望，因为看得上眼的、有地方特色的旅游商品不多，总是“揣着钱来，又揣回去”。因此，大力发展旅游商品，可以更好地满足旅游者的需求。

2. 发展旅游商品是促进旅游业转型升级的重要途径。

纵观当前旅游业发展，吃有量、住有限、行有止、游有境、娱有极，或受限于时间、或受制于地域、或疲乏于精力，唯独

"购"跃出时空之外，弹性大、潜力大，具有相当的可塑性和拓展空间，堪称旅游产业持续发展的一座"金矿"。目前，我省娱购消费收入在旅游总收入中占比只有 30% 多，低于全国平均水平。因此，要真正推动江西旅游转型升级，其中一项重要的战略任务就是要改变依靠"门票经济"的传统发展老路，促进旅游收入由门票为主向综合收入转型。积极推进我省旅游商品的发展就是要做大做强"购"要素产业，使旅游购物成为旅游经济的重要增长点。

3. 发展旅游商品是促进旅游产业融合发展的重要举措。

旅游商品开发涉及一、二、三产业的多个行业，旅游商品产业链条向上下游延伸发展必然会刺激农业、食品工业、轻纺工业、手工业、包装工业和商业等相关产业发展，为产业结构调整与融合开辟一条新的路径。以旅游景区和城镇为依托打造的美食休闲文化街、特色餐饮街区、综合旅游购物中心及旅游商品购物点等，还可以繁荣市场，促进商贸、物流、金融等多种产业发展，形成"一业旺、百业兴"的良好局面。

二、旅游商品开发"六项标准"

1. 创意独特。

特色和个性是旅游商品的生命。在旅游商品开发中，多年来饱受诟病的问题就是旅游商品千篇一律、缺乏特色。要改变这种局面，就需要突破思维定式，充分挖掘表现地方特色的自然风光、名胜古迹、生活习俗、传统艺术等，以此作为创新素材，对它们进行创意加工，开发一批样式独特、功能独特、工艺独特、包装独特的创意旅游商品。

2. 底蕴厚重。

历史文化具有地域性、民族性、时代性和继承性，并为一个国家和地区所独有。国内外旅游商品开发成功的案例都是在旅游开发过程中，对景区、景点蕴藏的文化内涵进行了深入研究和挖掘。一是依托丰富的历史文化资源，经过总结、提炼和创作，把其中一些具有较高艺术价值、群众喜闻乐见的东西转化为旅游商品。二是依托景观特色，深入挖掘历史文化内涵，不断创造、运用艺术手段将旅游项目展示或表演给游客，以增强游览的娱乐性和参与性，把文化资源转化成旅游商品。

3. 外形美观。

美是人类永恒的需求。旅游商品的外形包括造型、色彩、图案、装饰等，旅游商品的外形设计既要立足本土特色，又要捕捉时尚元素，不断推陈出新，给人以新奇和美的享受。旅游商品开发过程中，生产企业要尽量设计符合大众审美且包装精致的商品，才能抓住游客的眼球，激发游客的购买欲望。

4. 质量优良。

影响游客选择旅游商品的前三位因素是质量、价格、品牌。国外旅游商品业发展迅猛，最重要的原因就是旅游商品做得都比较精致。数千欧元一席的地毯和上百欧元一个的蓝瓷器皿自不必说，就连 1 欧元一个的冰箱贴和钥匙链也都精工细作。反观我们的一些商家，把质量好的产品出口到境外，把质量差的卖给游客。结果是，有的游客上当了，在互联网上传播出去，企业品牌受到影响，来买的游客更少了。

景德镇古窑景区的旅游商品

5. 价格适中。

价格是商品价值的货币表现形式，而商品价格的高低，直接关系到买卖双方的切身利益，也直接影响消费者对某些商品的购买意愿，以及购买数量的多少。我们常要求旅游商品的价格适中，是指商品的性价比，并不意味着游客只关注低价商品。高端旅游者为显示自己的地位和身份，多会追求那些质量上乘、制作精美、工艺精湛、价格相对较高的旅游商品；普通大众游客则更喜欢那些“物美价廉”的旅游商品。旅游商品的价格设置要让人觉得物有所值，才能让游客的犹豫不决变为当机立断掏腰包。

6. 携带方便。

旅游者的流动性决定了其偏爱购买便于携带的旅游商品。

游客旅游活动中，会受到所携带物品数额和重量的限制，一般不会购买大件商品，宁愿购买小件商品。这些商品价格相对较低，能为游客减少很多开支，对普通游客具有很大的吸引力。我们还可以充分利用现代物流的优势，为游客提供寄送服务。游客到家后，旅游过程中所购买的旅游商品便送上了门，非常轻松、便捷。各类旅游购物场所都要与物流企业建立合作关系，实现旅游商品“随时买、随地寄”。

三、旅游商品开发要坚持“六个结合”

1. 旅游商品开发用途要与日常生活相结合

旅游者购买旅游商品的目的，一方面是为了收藏以追求商品的欣赏价值与艺术价值，或是为了送礼、纪念、装饰等，对商品的象征意义及美学价值比较重视。另一方面是以使用为购买目的，尤其是大众游客，他们对旅游商品的实用性需求越来越高。旅游商品只有兼具艺术性和实用性，才能最大限度地体现它的价值，迎合旅游者对旅游商品高层次、多方面的需求。赣州青花瓷6件套陶瓷刀，融入了陶瓷传统文化，制作精良，又具实用性，做成旅游商品，非常受欢迎。铜鼓县原来只生产竹木地板、竹木家具等传统商品，近年来研发生产了竹电脑桌、竹键盘、竹主机、竹充电宝和竹笔记本电脑，打开了销路，提高了市场占有率。

2. 旅游商品开发工艺要与高新技术相结合

科技产品成为旅游商品在国外已经很普遍，但在国内还是新生事物。“陕文仿创意摆饰流水加湿器”取名“佛缘”，就是利用现代化的光电科技，制成了端雅生动、祥和瑞美的3D佛头流水加湿器。江西将传统商品以高新技术的形式展示并结合的还较少。各地要让更多的传统商品和现代高新技术结合起来，在过去传统工艺的基础上融入现代科技，用现代工艺和技术赋予传统商品以新的理念和表现方式，用新技术、新工艺、新材料来体现地域特色。

3. 旅游商品开发内涵要与景区文化相结合

旅游商品承载着满足旅游者购物需求和传播旅游目的地形象的双重功能。将旅游目的地的文化内涵应用到当地旅游商品的设计中，可以提高当地旅游商品的层次和品质。北京故宫开发的“朝珠耳机”，设计灵感来源于清代朝珠，有网友戏言“南红加鸡油黄老蜡，老佛爷亲盘百年包浆，轻松拥有皇家姿仪，戴上这耳机享受路人朝圣目光”。台北故宫博物院在香港展示的创意产品“翠玉白菜椒盐罐”，将家用调味料罐设计成翡翠玉白菜式样，同样广受好评。各地可以充分运用本地原料、本地工艺，紧密结合本地文化传统，设计独有的旅游商品。

4. 旅游商品开发过程要与游客体验相结合

在旅游商品生产过程中，让游客承担一定的生产者角色，参与某些生产环节，投入自己的理念、智慧、创意、体力，可以更好地满足其受尊重、被认可、个性化、自我创造、自我实现等方面的需求。更为重要的是，游客是差异化个体，具有自己独特的理念和创造力，经由他们参与，旅游商品也有了差异。景德镇有很多瓷器工作室，让游客自己动手设计并烧制，制作完成后再由店主寄给客人，给予游客以惊喜。

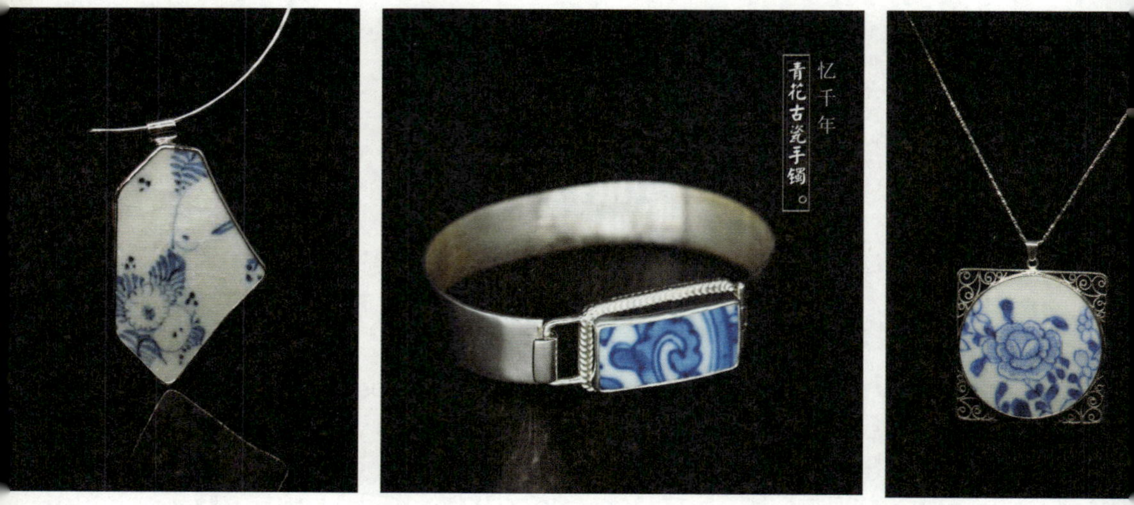

旅游创意商品——忆千年古

5. 旅游商品销售方式要与互联网相结合

当前，越来越多的人喜欢网上购物。数以万计的淘宝店，购物秒杀活动，以及团购等，都表明网购已成为一种新型购物趋势。而线下销售同样也有着线上销售无法取代的优势，比如用户体验。因此，旅游商品经营企业利用线下与线上的双重渠道来拓展业务，即电子商务与传统商务流程相结合，网络营销与传统营销模式相结合，一方面建立自身品牌官网，并在官网上设立在线商店；另一方面，为增加客户量还可选择入驻淘宝商城、微信商城，既可形成优势互补，达到品牌影响力最大化，又符合产业未来发展趋势，是企业未来经营的一种必然选择。

6. 旅游购物场所布局要与景区建设相结合

扩大旅游购物消费要重视旅游商品的开发，更要重视特色商品购物区的建设和有地方特色的商业街区的建设。一些地方投入巨资建仿古建筑形式的旅游商品购物街，但是这些购物街远离游客旅游线路、远离景区、远离市中心，甚至远离酒店集聚地，结果导致购物者寥寥。还有一些地市建设的购物街，千店一面。游客来旅游，就是要看不同的景，吃不同的东西，逛不同的店，缺乏特色的购物街，生意自然不好。丽江古城的四方街，“三坊一照壁，四合五天井，走马转角楼”式的瓦屋楼房鳞次栉比。厦门鼓浪屿也因其欧陆风格的建筑、遍布街上的特色小店、小资浪漫的情调吸引了广大游客。在这样的地方，游客有美食可享、有美景可观、有特产可买、有博物可赏，自然流连忘返。可见，旅游购物店、特色商业街、免税店等购物场所应根据游客流动线路，在景区景点、酒店集聚地、游客集散或中转地布局，且从业态、建筑、装饰、店铺、商品的文化、质量、价格、品牌、服务等处与景区建设紧密结合，突出特色。

大力推进旅游商品工作，是实现全域旅游目标的重要举措。各地要强化质量建设，强化品牌打造，强化政策扶持，强化人才保障，强化宣传推广，强化监督管理，使旅游商品成为江西旅游发展的新亮点，成为增加江西旅游收入的一个重要途径。

重点景区：旅游业的龙头与标杆

庐山、井冈山、三清山、龙虎山、婺源江湾、景德镇古窑、宜春明月山、瑞金共和国摇篮、抚州大觉山、上饶龟峰等十大5A级景区是江西省重点景区，在江西旅游产业发展中具有举足轻重的地位，是江西旅游产业发展水平、接待服务能力的标杆，也代表了江西旅游的整体形象，体现了“江西风景独好”品牌的核心价值。加快旅游强省建设，发展全域旅游，促进绿色崛起，必须充分发挥重点旅游景区的龙头和标杆作用。

一、重点景区是旅游崛起的龙头

近年来，江西不断加大重点旅游景区的保护、建设和管理工作力度，加强基础设施建设，强化宣传营销和管理，提升服务质量和水平，全省旅游产业呈现良好的发展态势，十大重点旅游景区占到江西旅游人次和收入的1/4，起到了示范带动作用，对推动旅游强省建设和全省经济社会发展做出了积极贡献。

重点旅游景区是旅游产业发展的重要载体。旅游业是综合性产业，

南昌滕王阁

涉及吃住行游购娱六大要素，只有协调推进，才能持续稳定健康发展。但如果深入研究，我们就会发现，旅游六大要素的重要性或者说地位是不一样的。毫无疑问，在六大要素中，“游”是第一位的，没有“游”，其他要素无从谈起，也就谈不上什么旅游业。江西重点旅游景区承载了大量的游客，是吸引游客的主要因素，是“游”的重要载体，也是旅游产业的核心要素。

重点旅游景区是旅游产业发展水平的重要标志。

实践证明，如果一个地区有重点旅游景区，那么，这个地区的旅游业一般会发展得比较好。江西旅游资源丰富，但重点旅游景区的规模和质量仍与广东、江苏、浙江等旅游发达省份存在较大差距，这也从另一方面反映了江西旅游产业的发展水平及在全国的排位。作为旅游核心吸引物的重点旅游景区，是游客之所以访问一个地区的主要因素，一个地方重点旅游景区越多、品质越高，吸引的游客越多，带来的衍生旅游消费就越多，旅游的乘数效应就越大，带来的综合收益就越高，从而推动旅

龙虎山风景区

游业又好又快发展。所以，通过看一个地区拥有的重点旅游景区数量及其建设管理水平，就可以看出这个地区旅游业的发展程度。

重点旅游景区是旅游产业转型升级的重要载体。

当前，江西旅游产业要提升发展水平，把以观光旅游为主转变到观光、休闲、度假旅游并重，就必须由粗放型旅游向标准化旅游转变，由中低层次旅游向提供优质旅游供给转变，由传统旅游向现代旅游转变，必须以高品位、高效益的旅游景区做支撑。而重点旅游景区作为江西旅游产业的核心要素，资源品质优、生态环境好、发展水平高，已经具备了转型升级的基本条件，是江西旅游产业发展的重要载体。

重点旅游景区是彰显地方形象的重要品牌。

形象是扩大对外开放的通行证，是吸引要素聚集的强磁场。重点旅游景区所代表的地方形象是最生动的，也是视觉冲击力最强、最容易传播的。因此，重点旅游景区是地方形象的名片，是树立地区文明形象的重要渠道和展示地方软实力的重要窗口。抓好重点旅游景区品牌形象建设，能够向游客充分展示赣鄱大地的厚重文化、秀美山水、淳朴民风、发展活力和新时期江西人民的崭新风貌，使更多的人加深对江西的了解，加强对江西的关注。

重点旅游景区是带动地方相关产业发展的重要动力。

重点旅游景区是珍贵的资源和宝贵的财富，在地方经济社会发展中发挥着积极作用，是带动地方相关产业发展的重要动力。重点旅游景区作为影响力最强的旅游资源，能够吸引各种不同人群来此活动，提升所在地的消费活力，拉动地方经济的发展；重点旅游景区拥有优美自然景观与人文景观，有利于提高景区所在地的知名度和影响力，吸引更多的外来投资，带动地方建设，改善当地基础设施和住宅建设，带动周边土地升值；重点旅游景区作为服务业的重要组成部分，也可以为当地群众创造大量的就业机会，提高当地群众的经济收入。

二、重点景区在旅游产业发展中的标杆作用

重点旅游景区知名度高，资源条件和发展基础都比较好，应充分发挥其标杆示范作用，引领江西旅游产业加快发展。

加强品牌打造，当好江西旅游的标志物。

重点旅游景区是江西旅游的重要资源，也是展示江西旅游的重要窗口，重点旅游景区要增强宣传促销意识，树立大市场、

大营销的观念，进一步加强宣传推广力度，努力扩大客源市场，形成良好的品牌形象和市场口碑，成为江西旅游的标志物。

科学规划建设，当好资源保护与科学利用的示范者。

重点旅游景区要在全省旅游产业发展规划指导和当地政府的统一领导下，结合景观资源特色，编制相应的旅游开发总体规划和详细规划，保证规划的科学性、权威性和法规效力。规划要立足高起点、高品位，开发建设要合理布局、精心包装，以最少的资源消耗实现最大的经济效益，成为全省旅游景区资源保护与科学利用完美结合的标准制定者和示范者。重点旅游景区要做持续快速发展的领头羊，就必须协调好整体与局部的关系，处理好保护与开发的矛盾。

提升管理服务，当好一流旅游产品的引领者。

重点旅游景区应大力提升管理服务水平，营造良好文明环境；进一步完善景区公路、引导标识、游客服务中心、停车场和其他公共服务体系，严厉打击旅游景区周围拉客卖票、尾追兜售、占道经营、黑导拉客、宰客、欺客等现象，通过培训引导和督促监管，在重点旅游景区营造一种诚信经营、热情好客、安全有序和舒适温馨的氛围，做江西一流旅游服务的引领者。

强化整合拓展，当好旅游强省建设的排头兵。

努力促进包括景区在内的旅游要素的整体融合，鼓励重点旅游景区企业进入相关要素产业，推动重点旅游景区与旅行社、交通企业、旅游饭店等旅游相关企业的联合，形成产业链条，走一条集团化联合发展的路子。加强与新景区的合作，通过资本运作、联合经营、合作推广、共同营销等方式，带动区域旅游产业发展，走一条以大带小、以强扶弱整合发展的新路子。

三、全面提升重点景区建设和管理水平

要适应新时代提出的新思路、新要求，实现重点旅游景区开发建设品位和经营管理水平的新突破，必须在以下几个方面下功夫、抓落实、求成效。

以创5A级旅游景区为抓手，加大品牌创建力度。

5A级景区是旅游景区的最高荣誉，创建5A级旅游景区既是提升景区品质、打造景区品牌的需要，也是提高景区知名度、增强旅游吸引力的需要。一是确定目标。现有的10个5A旅游景区，代表了目前江西旅游产业发展的水平。但不是评定了就一劳永逸，还要继续提高，做得不好还有群众反映、暗访、警告甚至摘帽。滕王阁刚刚公示，婺源篁岭、武功山、庐山西海

婺源篁岭俯瞰

等景区，要确立创建5A级旅游景区的目标，以创建工作为契机，补齐短板和弱项，有效地提高景区的综合发展水平。二是明确任务。要紧密围绕创5A目标，严格按照国家标准和管理办法，制订创建方案，认真查找不足，分解工作任务，落实责任人员，高标准、严要求地做好各项工作。三是抢抓进度。明确时间节点，加快创建步伐，采取得力措施，力争在2020年创建成功。

以企业混改和上市为突破口，加大旅游产业融资力度。

实践证明，这样做可以帮助企业获得大量的建设资金，有利于明晰产权、规范管理，推动经营权与所有权分离，建立和完善现代企业制度；有益于更好打造景区的核心吸引力、扩大经营规模、优化经营环境，更好保护景区资源；有利于树立景区的品牌，增强知名度和美誉度，扩大景区的影响力。江西旅游集团等大型旅游企业要加大融资工作力度，通过地方债券、出让股权、招商等形式筹措发展资金。

以继续申报世界遗产为着力点，提升旅游产业发展的整体品质。

申遗是江西旅游走向国际化的关键步骤。江西现有7处世界遗产。黄冈山是世界自然与文化遗产，三清山、龙虎山、龟峰是世界自然遗产，庐山是世界文化遗产，万年仙人洞吊桶环和崇义上堡梯田是世界农业遗产。今后，还要做好景德镇御窑遗址、赣南围屋、婺源古民居和鄱阳湖申报世界遗产工作。按照联合国教科文等组织关于世界遗产申报的程序，做好遗产资源价值的论证和申报材料的准备，以进一步扩大江西在全球和全国的影响力和凝聚力。

三清宫雪景

以体制机制创新为重点，提高景区管理效率。

进一步理顺景区管理体制，破除“一山三治”“一湖多管”，实行统一治理，推进景区所有权和经营权分离，建立“国家所有、政府监管、企业经营”管理模式，实现国有资源与企业资本的优化组合，促进资源的优化配置和有效利用。创新机制，深化劳动、人事、分配制度改革，促进重点旅游景区建立完善现代企业制度，形成良好的管理体制和运行机制。

打造旅游产业集群

全域旅游一般要经历四个阶段。一是做好景区景点，这是发展旅游的基础；二是连点成线，因为游客到一地不可能只看一个点，必然要看距离较近差异化的几个点，如清婺景线，即三清山、婺源、景德镇，一个是山水旅游，一个是乡村旅游，一个是文化旅游。三是将点连成片，这就是打造旅游集群。最后是扩充到全社会，走向全域旅游。所以说，我们不可能跳过产业集群发展全域旅游。产业集群是在特定区域内具有竞争和合作关系的交互关联性企业及相关机构，基于专业化分工要求和共同的发展目标，以相对集中、相互配套、相互依存为特征的一种特殊组织形式。一般在 20 公里范围内可以聚集几十个差别化的旅游企业和单位发展旅游产业。

一、发展产业集群是做大旅游产业规模的需要

做大总量是全域旅游的必然结果。在旅游消费需求不断增长的环境下，做大总量首要的任务就是扩大旅游企业和有效产品与服务的数量。近年来，江西旅游呈现了快速发展的良好势头，但产业规模与全国先进

省份相比，仍有不小差距。影响产业规模最主要的问题就在于旅游企业少、体量小、经营分散、产业缺乏配套等。在旅游消费需求不断增长的环境下，做大总量首要的任务就是扩大旅游企业和有效产品与服务的数量。推进旅游产业集群发展，有利于强化产业配套，完善产业链，吸引更多的涉旅企业加入旅游发展行列，从而使旅游产业体系不断得到完善；有利于集中有效资产、集聚可流动资本，握紧发展拳头，推动新的旅游空白点、新兴旅游业态和产品的整体开发；有利于强化旅游企业上下游之间的联系和无缝对接，实现节约成本、相互服务、提高效率、增加收入。大量事实证明，推进产业集群发展是做大旅游经济总量、提供优质旅游供给、实现跨越发展的重要途径。

二、发展产业集群是促进旅游产业转型升级的需要

发展全域旅游，建设产业集群，有利于旅游资源的统一规划、整体开发，实现集约发展和标准化建设，推动高等级景区的创建；有利于推动旅游龙头企业的做大做强，提高旅游发展的带动力和竞争力；有利于推动相关联的大批中小企业集聚联合、抱团取暖式发展，增强凝聚力和生命力。通过集群化发展，有利于将旅游产业的“六要素”有机整合在一起，增强开放开发的整体性、协同性和系统性，实现旅游与文化、体育、城建、环保等要素的融合，挖掘旅游资源的广度、深度和厚度，开发有需求支撑的丰富多彩的业态和商品服务供给，进行优胜劣汰，全面提升旅游产业的品质、水平和档次。

三、发展产业集群是增强旅游发展活力的需要

旅游管理体制不顺是长期制约江西旅游业发展的一大难题。目前，一些地方、一些景区仍存在条块分割，管理部门职能交叉、多头管理、各自为政的现象。通过推进旅游产业集群发展，用市场化、企业化的办法，建立合理利益分配机制，强化旅游企业、旅游跨区域的互利合作，打破旅游资源行政割据，逐步理顺景区管理体制，实现旅游资源开发管理由政府主导向市场驱动主导的转变。同时，通过推进旅游产业集群发展，有利于推动集群内部企业的机制体制创新，形成以资产为纽带，促进产业资本化、证券化，实现企业的兼并重组和优化，有效地吸引社会和民间资本投入，逐步使集群发展成为以混合所有制为特征的大型现代企业集团，增强整个集群的发展活力和动力。

四、发展产业集群是唱响江西旅游品牌的需要

品牌建设是全域旅游之魂。从 2011 年以来，全省把“江西风景独好”作为江西整体形象品牌来打造，取得了巨大成功，如今，“江西风景独好”已唱响大江南北，享誉海内外，受到了广大游客的认知、情感认同和普遍好评。但从微观上看，我省在国内外市场上叫得响的景区品牌很少，叫得响的企业品牌就更少。知名景区品牌、企业品牌是重要的旅游知识产权，是旅游产业发展的核心竞争力，也是江西当前的一大短板。推进旅游产业集群化发展，在聚力发展、丰富产业体系、壮大实力的基础上，统一集中创新品牌，集中拓展品牌的内涵、集中开展品牌的营销推介，有利于迅速提升一批旅游景区和企业的品

三清山雪景

牌渗透力、形象力和影响力，形成一批在国内外市场上叫得响的景区、企业知名品牌，从而在旅游品牌上形成“1+N”的品牌体系，全面提升江西旅游发展的品牌新优势。

五、发展产业集群需要做好的重点工作

1. 坚持规划引领。

规划是旅游产业集群发展的龙头和先导，没有规划引领的发展是盲目的。规划既要明确发展目标、措施，也要确定具体项目建设，保证规划的指导性和实用性。旅游产业集群发展规划要与当地城乡建设规划、土地利用规划等相衔接，真正使规划成为指导当地旅游产业集群发展的基本遵循和纲领性文件。

2. 完善产业体系。

按照产业集群的发展方向和发展重点，加快产业延链、补链和壮链，形成上下左右联系紧密、专业分工协作紧密的完整产业链，增强集群的竞争优势。要强化集群企业间、项目间的

新余仙女湖

配套，每个产业集群一般要求形成主营企业、配套企业、服务企业、研发机构、金融机构等完整的产业组织体系，使每个企业都能提高工作效率、高效运转。特色是旅游产业的重要名片。每个产业集群要形成自己的特色，除强调景区景点建设提升的差异化外，尤其要注重文化演艺娱乐项目的特色化、休闲项目的特色化、饮食项目的特色化、购物市场的特色化，使旅客可停留、可欣赏、可享受、可回味，极大地提高旅客的满意度和认可度。

3. 培育壮大龙头企业。

龙头企业是产业集群发展的重要引领。一般来说，在产业集群中，有好的龙头企业支撑，就会有源源不断的配套企业来落户，产业集群推进的速度就快，就容易取得成效。要把做大做强龙头企业作为推进产业集群建设的重中之重。要坚持引进与培育相结合，发展壮大龙头企业。在每个产业集群中，要有效地遴选一批优势项目，主动对接国内外大型旅游经营企业和旅游投资企业，开展旅游定向招商和专业招商，积极引进有实力的龙头和骨干企业，并力争形成“引进一个、带动一批”的集聚效应。要着力培养一批本土有实力、有发展前景的龙头企业，通过兼并、重组等方式，给予一定的优惠政策，扶持其做大做强，使其在产业集群发展中充分发挥支撑和引领作用。

4. 有序推进旅游园区建设。

产业园区是旅游产业集群发展的重要载体，加快产城融合，是旅游产业集群发展的必然要求。要把园区建设纳入城镇建设总体规划范畴，进行科学布局、科学定位，促进园区健康有序地发展。要引导旅游商品加工企业、物流企业、健康娱乐企业、文化演艺企业、专业市场向园区集中，提高园区的产业配套水平。要加强基础平台建设，改善园区道路、通讯、水、电、气、污染控制等基础设施，增强产业园区的基础承载能力。要适应产业集群差异化发展要求，注重园区特色化建设，争取实现一个园区一个特色，一个园区一个品牌。要做到集约化经营，提高园区的土地利用率。

5. 积极推进体制机制创新。

推进产业集群化发展，为重构关联企业的联系、企业与市场的联系、政府与企业的联系带来了契机。要推动景区景点的管理体制改革，彻底改变一些景区景点长期处于“块块分割”的局面，为发展增添新的活力。支持有条件的地方在体制机制创新上先行先试，积极探索产业集群的公司化运作模式，在产业集群内部推行股份制改革，建立现代企业制度；在此基础上，在产业集群内部实行“六个统一”，即，统一资产运营、统一经营管理、统一品牌、统一技术服务标准、统一智慧旅游建设、统一企业文化建设，实现在产业要素上的聚集、在经营上的集约、在发展上的聚力，形成产业集群的“形、气、核、魂”一体。支持各产业集群开展跨区域联合，相互投入、联合营销、开辟旅游线路，结成发展战略联盟和利益共同体，实现共同发展。

6. 毫不松懈地开展5A级景区创建。

推进产业集群发展要以创建5A级景区作为重要目标，做到高标准建设，毫不松懈地扎实推进创建的各项工作。一个5A景区就是一个产业集群，当前要重点抓好滕王阁、篁岭、武功山、庐山西海、仙女湖的创建工作。主管单位要加大对创建的投入，搭建有效的融资平台，引导社会和民间资本投入，为创建活动提供充足的资金支持。

7. 加快旅游人才培养和使用。

推进产业集群发展，关键在人才。要把旅游人才培养和使用作为推进产业集群发展的智力支撑和重要保障。要充分发挥省内各高校的优势，不断创新“政、校、协会、企业”协同培养旅游人才的新模式，加快培育应用型、复合型、跨国型的高级人才和适用人才队伍。要完善人才的使用机制，真正让懂旅游会管理的人才来搞旅游，逐步推行旅游全员上岗资格认定制，逐步推行旅游一线管理人才的职业经理人制度，真正打造一支专业化的人才队伍。

加快旅游空白点建设

要建成处处可旅游的全域旅游示范省，必须提供更多的优质旅游供给，每开车半小时能看到新景区。旅游景区建设是全域旅游发展的核心。江西的旅游景区大致可分为三类：一是经过多年的开发建设，成功打造的一批产品成熟、配套完善、品牌度高的老牌景区，约有30余个。其中，庐山、井冈山、三清山、龙虎山等四大名山和婺源、景德镇古窑等5A级旅游景区在国内有很高的知名度。二是已有一批新兴崛起的3A以上旅游景区，约有300余个。如篁岭、文昌里、武功山、灵山、丫山、庐山西海、大茅山、美陂村等景区也跻身知名景区行列，取得了较好的经济效益和社会效益，得到了社会各界和游客的广泛认可。三是还有一大批观赏休闲价值很高、具有一定历史文化价值的景区景点，约1500余个，她们就像待嫁的女儿，养在深闺人未识，至今基本没有什么人来旅游。如铜钹山、葛仙山、陡水湖、桃花源、太乙村、古蜀地等，这些景区具备巨大的潜力和优势，一旦出世，必将惊艳全世界，大幅增加江西的旅游人数和收入。

一、加快旅游空白点开发势在必行

1. 打造新看点的需要。

以四大名山为代表的老牌景区一直是江西的主要旅游观光点，很多游客耳熟能详，也多次游赏。但是游客总有喜新厌旧的心理，他们来江西总期望有新的探索和发现。为此，作为一个独具特色的旅游目的地，江西还需要在景区建设上不断注入新鲜血液，不断打造新看点和新亮点，增强对游客的吸引力。这些旅游空白点资源独特，进入市场后，必将吸引游人的目光，为江西旅游锦上添花。

2. 拓展新空间的需要。

随着人民生活水平的不断提高，居民的旅游消费需求强劲增长，旅游市场规模日益扩张，景区供给不足的局面将成为制约旅游经济发展的主要因素之一。每当节假日，国内很多著名的景区游客爆满，大大超过景区的接待容量，景区不得不亮牌限客。这就要求进一步加快拓展新的旅游目的地。随着旅游空白点的不断开发，江西旅游发展空间将得到进一步拓展，游客来江西旅游的选择会更多，范围会更广，兴趣也更浓。同时，新景区也能分流一部分客人，有效地缓解高峰期老景区的容量压力。

3. 培育新增长极的需要。

提高旅游接待人次、增加旅游收入、提高旅游质量仍然是江西旅游产业发展的主要任务。加快旅游空白点开发，着力打造一批社会广泛认同的新精品景区，使江西旅游景区功能更完善、旅游线路更精彩、旅游产品更丰富，有利于进一步扩大客

江西溶洞里的钟乳石

源市场份额，提高旅游综合收入，提升旅游质量，培育全省旅游产业发展新的增长极。婺源旅游人次每年超过 2000 万，新景区灵山一年直接收入超过 2800 万。由此可以预测，如果江西每年开发建设 20 个左右的旅游空白点，每个景区年接待游客按 100 万人次计算，则全省一年就可迅速增加游客 2000 万人次，实现旅游综合收入 100 亿元。

二、江西旅游空白点的基本特点

江西旅游旅游空白点数量众多，资源禀赋优异，具有巨大的发展潜力。整体上看，呈现以下特点：

1. 种类多。

涵盖了山湖城村等不同形态，囊括了红色文化、绿色生态、古色厚土等不同主题。既有名山，又有大川；既有溶洞，又有瀑布；既有民国村落，又有当代新城；既有红色经典，又有古色遗存；既有佛道圣地，又有主题园区。即使是同一类型的景区，也具有各自不同的特色，如山岳型景区就拥有花岗岩峰林地貌、丹霞地貌、喀斯特地貌和森林泉瀑等不同特色的景观。众多的资源类型可以开发特色各异的旅游产品，能满足不同游客的需求。

2. 分布广。

江西市市有名山大川，县县有旅游景点。从赣北鄱湖之滨到赣南庾岭之麓，从西面的罗霄之侧到东面的赣闽边界，11 个

麻姑山——仙女下凡演艺

区市都有旅游空白点。其中比较典型的旅游空白点有，德安义门陈、铜鼓天柱峰、梅关古驿道、南城麻姑山等。这些旅游空白点的开发将高密度覆盖江西全境，提速旅游发展，为江西旅游注入新的活力。

3. 体量大。

江西旅游空白点规模宏大，具有很强的游客承载力。如分

宜中国洞都村有36个溶洞，被专家称为“万洞之都”；梅岭、军峰山等6个景区面积超过100平方公里；大茅山面积达143平方公里；铜钹山横亘于赣浙闽边陲，面积达312.4平方公里；陡水湖水域面积31平方公里，蓄水量8亿多立方米，是西湖的5倍，有427个形态各异的湖湾和42座星罗棋布的岛屿。巨大的资源体量为旅游开发留下了广阔空间。

4. 品位高。

江西旅游空白点资源在全国都具有很高的品级。桃花源是陶渊明创作《桃花源记》原型，太乙村有保存完好的民国政府军政要员休闲度假别墅群，两地都是世界文化景观庐山的组成部分。铜源峡是梅岭国家级风景名胜区的重点景区之一，其十里峡谷汇聚了水碓群、瀑布群、梯田群和象石群等独特景观，国内罕见。南矶山是国际级重要湿地，也是全国唯一位于省会城市的湿地，湿地与候鸟景观颇具代表性。

5. 后劲足。

大部分旅游空白点交通区位好，资源品质高，已有一定的建设基础和市场知名度。随着旅游开发建设的深入，这些景区将吸引大批游客，产生可观的经济效益。如西海湾是山水武宁的精粹、丫山景区瀑布连群，景区成长前景十分广阔；乐平怪石林是华东地区迄今为止发现的面积最大、景致最集中、景观最美丽的石林；百丈山是禅宗“天下清规”发祥地，在佛教史上具崇高地位，一经开发，将引领江西宗教旅游的发展。

三、加快旅游空白点开发的基本策略

当前及今后一段时期，应牢牢抓住并着力破解制约旅游空白点开发的核心问题和重点问题，以打造高品位景区为目标，加快旅游空白点的开发，使之成为江西旅游产业发展的新亮点。

1. 高起点规划。

景区规划是景区发展的百年大计，好的规划是景区资源有效保护与合理开发的根本保证。应十分珍惜祖宗留下的优质资源禀赋，坚持宽视野、大思路，围绕打造一流景区目标，高起点规划建设精品景区。要构建以旅游总体规划、保护性详细规划、建设性详细规划为主的旅游景区规划体系。规划要具有前瞻性和可行性，产品开发与项目策划要具有创新性和可操作性，产业要素结构与空间布局要突出合理性与针对性，规划项目对环境影响评价要具有客观性和可靠性。要加强规划执行力度。严格遵循“先规划、后建设”的程序，用规划指导景区开发建设。各种开发和建设项目应严格按照规划进行。景区规划一经批准实施，就不能随意更改。

2. 高标准建设。

建设是景区开发的关键环节，建设水平的高低直接关系到景区质量。应对标国家 5A 级景区建设好新景区。大力推动项目建设。立足自身的资源特色，依托景区核心资源，打造优质、个性化和差异化的旅游产品。高标准配套景区基础和服务设施。应严格按照高等级景区要求，建设人性化、生态化的游客中心、生态停车场、星级旅游厕所、游步道、标识系统、环卫和安全设施；配套特色化、品质化的住宿、餐饮、娱乐、购物设施。

景区的建设要因地制宜，充分利用现有条件，就地取材。应深入挖掘景区的文化内涵，提升景区文化品位。一定要防止景区的同质化倾向，不要把景区的特色化曲解成人造化，特别要防止建设性破坏，最好的景区是适度的建设和自然的回归的结合。

3. 高强度宣传。

好货靠巧卖，好景要推介。旅游是典型的形象产业和眼球经济。江西的很多景区资源品位很高，但市场知名度却与之不相匹配。应加大宣传力度，在宣传营销上有创新和突破。要找准定位。我国旅游业已经进入了形象驱动时代，鲜明独特的形象定位已经成为旅游目的地吸引旅游者的关键因素。应抓住自身特色，找准自身定位，对特色资源和主打产品进行提炼，塑造出有招徕力、吸引游客眼球的响亮主题形象推向市场，进行有针对性的宣传营销。要加强旅游宣传创意。善于利用各种体裁制造新闻焦点，形成社会关注点、大众兴奋点和旅游热点。近些年“江西风景独好”品牌的成功打造，就是得益于创意宣传。要多渠道宣传。随着科技的发展，报纸杂志、广播电视等传统媒介已远不能满足旅游宣传营销的需求。网络、微博、微信、手机平台等互动性好、性价比高的新媒体将成为创意营销的又一着力点。应通过各种宣传途径，在主要客源地市场有计划、有步骤、有重点地开展旅游宣传，全方位、高密度、多层次地推广景区，努力形成广播电视热播、报纸杂志热炒、网络网民热议、社会各界关注、旅游市场兴旺的良好局面。要创新旅游节庆活动。江西对旅游节庆活动进行了很多创新和探索。全国红色旅游联盟盛会，中华龙舟大赛暨鄱阳湖国际龙舟文化节，宜春 CCTV 中秋晚会模特大赛，井冈山国际杜鹃节，婺源乡村文化旅游节等，都取得了良好效果。应进一步依托丰富的资源，创新举办一批富有新意和影响力的旅游节庆活动，展现景区魅力，提升景区知名度。要加强合作。加强景区与媒体、景区之间的合作，共同建立市场营销联合体，互为宣传的载体和窗口，联合促销，利益共享。

4. 高水平管理。

应按照“因地制宜、统一管理、责权一致、精简高效”的原则，探索设置重点旅游景区管理机构，赋予相应的管理职能，实施高效管理。创新体制机制，推进所有权、管理权、经营权三权分离，提高旅游景区经营运作的市场化水平。要积极探索旅游景区管理的新模式，对有条件的景区，积极探索成立旅游股份公司，通过市场化的手段协调各方利益，整合旅游资源，包装旅游产品，促进景区旅游产品的开发和旅游市场开拓。要推进智能化管理。逐步实现传统旅游管理方式向现代管理方式转变，通过智慧旅游建设，普及景区智慧预约系统、视频监控系统、门禁票务系统、GIS 综合管理系统、GPS 定位系统、电子政务系统等，推动旅游管理高质高效。要依法管理。依法规范旅游市场秩序，强化监督管理和统筹协调；加大执行和监管力度，避免有法不依、违法不究、执法不严等情况。

5. 高质量育才。

人才是旅游业能否成功的根本。现在我们的问题是管资源的人多，懂专业的人少；搞行政的人多，懂经营的人少；搞后勤的人多，做产品和市场的人少。要积极引进一批景区规划、科普教育、创意策划、宣传营销、电子商务、导游讲解等方面的旅游专业人才，充实旅游景区从业队伍，优化景区人才结构，建设一支真正懂经营、善管理的专业化团队。要努力营造良好的环境，坚持事业留人、感情留人、适当的待遇留人。做到引得进、留得住、用得好，为各类人才充分实现其自身价值创造良好的条件。游客需求的不断变化、旅游新业态的不断出现，需要旅游服务人才思维和技能不断提升。应加快旅游人才协同创新培养培训基地建设，多派人员到外地考察学习，鼓励有条件的景区与高校和科研机构建立紧密的合作机制，依托这些机构对员工进行系统培训。

6. 高效率保障。

增强责任感和紧迫感，切实加强领导，采取有力措施，抓好工作落实。开发空白点，不能都靠政府投资。要加强旅游招商，大力引进具有文化情怀、资本实力强、具有全方位服务功能和竞争优势的大企业、大客商、大财团，参与景区的开发建设，努力提高旅游景区利用外资的层次和规模。同时，探索旅游景区资本运营新途径。应在不断提高信用度的前提下，充分利用银行贷款、融资担保等形式获得建设资金。

茶文化与生态旅游

江西茶叶发展的历程，不仅孕育和积淀了深厚的江西茶文化，同时也为江西茶文化旅游打下了坚实的基础。

第一，江西产茶历史悠久。

据《庐山志》记载：“东汉时，庐山僧侣劈岩削谷，取诸崖壁间栽种茶。”唐代，江西茶叶的发展更是得到空前的发展，当时的浮梁、婺源一带，不仅是重要的茶叶生产基地，还是重要的茶叶贸易集散地，饮茶之风极为盛行。茶圣陆羽在《茶经》中曾有“(茶)生婺源山谷”的记

浮梁茶园

庐山云雾茶

载，并亲定庐山康王谷谷帘泉为天下第一名泉。怀海禅师在百丈寺创立禅门茶事仪规。白居易也在《琵琶行》留下了“商人重利轻别离，前月浮梁买茶去”的千古绝句。北宋黄庶、黄庭坚父子将家乡精制的“双井茶”推赏京师，赠名士苏东坡等，一时名动京华，欧阳修在《归田录》中将之誉为“草茶第一”。元明清时期，江西茶叶不仅被列为贡品，还通过海上丝绸之路出口到欧洲等地。江西是世界绿茶生产“金三角”的核心区，绿茶品质在全国名列前茅，素以“颜色碧而天然、口味香而浓郁、水叶清而润厚”的特征而驰名中外。江西还是红茶的起源地之一，据《义宁州志》(古代义宁为现在修水)记载：“清道光年间，宁茶名益著，种蔺殆遍乡村，制法有青茶、红茶、乌龙、白毫茶砖。”

第二，江西茶品质上等。

由于江西优越的自然环境和一如既往的生态保护，孕育了赣茶优异的自然品质。遂川的狗牯脑茶于 1915 年获巴拿马博览会金奖，婺源的“协和昌”珠兰精茶、“益方”绿茶同获一等奖。“庐山云雾”“婺绿”“宁红”“浮红”等享誉国内外。

樟树天心茶园春色

据不完全统计，江西茶叶品牌获国际国内大奖50多个。无污染、无农药残留已成为江西茶叶的一张名片。近三年，农业部对江西茶叶抽检合格率都达到100%，位居全国第一位。

第三，江西茶文化旅游风光秀美。

江西各类历史文化资源、自然景观资源众多，茶文化旅游景点和其他景点交叉组合，茶文化、古色遗迹、绿色家园、红色摇篮融为一体。如庐山云雾茶园位于海拔800米以上的汉阳峰，周围有谷帘泉、招隐泉、聪明泉等名泉，好山、好泉、好茶，相得益彰；井冈翠绿产于茨坪景区，茶绿竹翠，景色宜人；狗牯脑茶产于遂川狗牯脑山，山内汤湖温泉四时不绝，热气成雾，萦绕全山，极具魅力；婺绿产于“中国最美的乡村”，茶林郁郁葱葱，小桥流水、徽派建筑掩映其中，令人陶醉。

第四，江西茶艺茶俗丰富多彩。

茶艺茶俗作为原生态、原汁原味的民间习俗，正好与旅游业发展所追求的自然、原汁、生态相吻合，备受旅游者多样化形式的需求青睐。江西人民在长期的饮茶过程中，对茶赋予了诸多的精神内涵，各种茶俗茶艺集观赏性、知识性、参与性于一体，给人们求新、求知、求奇、求美的体验。江西的茶俗有以茶为题材的故事、悦耳动听的采茶歌、婀娜多姿的采茶舞、风趣幽默的采茶戏、风格各异多姿多彩的茶艺表演等。例如，婺源茶俗重内质，具有淳朴、亲切的乡土气息，且注重敬茶的有序，同时追求汤清、气清、心清、境雅、器雅、人雅的境界。井冈山民歌《请茶歌》，资溪的“吃茶”“喊茶”“传茶”，贵溪的“传茶会友”等极具浓郁的地方色彩。此外，明清以来形成的采茶歌、采茶灯、采茶舞，最后形成采茶戏，这些都是茶文化的直接产品，在全国也是独树一帜的，从清代开始就传播各地直至台湾。而茶艺表演融茶俗、音乐、舞蹈、书法、绘画等为一体，较为集中地体现了中华茶文化的丰富内涵。江西“禅茶”茶道也极具魅力，得到各国茶文化专家和茶道表演艺术家的高度赞扬。

第五，江西陶瓷品茗器具精美绝伦。

陶瓷作为饮茶品茗的器具，将品茗和美器紧密结合，提高了茶的文化内涵和艺术境界。江西的种茶、制茶历史悠久，与之相伴的饮茶、品茶的器具的发展也历史悠久，这就带动了烧窑技艺的发展。江西的烧窑技艺一直居于全国的领先地位，为不同品茶器具的发展，为茶文化的传播创造良好的条件。丰城的洪州窑、赣州的七里镇窑、吉安的吉州窑以及景德镇御窑等都生产了大量的精美茶器茶具。如吉州窑在宋代烧制的“木叶盏”黑釉茶碗可谓惊世佳作；中国瓷都景德镇，宋代烧造的青白瓷“斗笠碗”，器质甚薄，釉色如玉，堪称传世绝品。明清时期烧制的青花瓷茶具更为世人所熟知。这些瓷窑技艺的发展都为茶与茶具的发展做出了重要的贡献，也为茶文化的发展和推进开创了广阔的空间。

因此，充分挖掘江西茶文化和生态旅游资源潜力，对于推进文化与旅游深度融合，努力做大做强旅游产业，推动江西旅游业加快发展具有重要的意义。

推动茶文化与生态旅游融合发展，重点要做好以下三项工作：

第一，加强茶文化旅游研究。

江西是茶文化研究的重镇。江西茶人以江西省社科院中国茶文化研究中心为依托，以《农业考古》茶文化专号为阵地，广泛团结了一大批国内外茶界权威及茶文化研究爱好者，在宫

茶篮莲花舞

廷茶文化、佛教茶文化、道教茶文化、贡茶文化以及文人雅士茶文化等方面的研究都取得了丰硕成果。要在巩固的基础上提高，使茶文化旅游成为江西旅游产业和茶产业可持续发展新的增长点和契机。

一是充分挖掘江西本土茶文化的深刻内涵。这是茶文化旅游的核心、灵魂、主题之所在。江西各地都是种茶的好地方，水质一流，茶具也非常发达，江西的茶艺表演和茶艺教育都在全国前列。要进一步凝聚省内外茶文化研究者的智慧和力量，发展发掘、传承和弘扬悠久的茶文化历史，突出地方特色和条件，注重江西茶文化旅游的独特形象设计，推陈出新，宣传造势，不断增强江西茶文化旅游理论研究水平，从理论高度指导行业的良性发展。

二是加快构建茶文化旅游圈研究。江西处处有茶园，从茶园里飘出的清香和茶园美景与江西绿色、红色、古色旅游资源浑然一体，相互交融和映衬，形成一道道亮丽的旅游风景线，为开发新的旅游观光线路，增加旅游内容，充实旅游内涵提供了更多的选择。比如，赣东北的上饶、景德镇等地，是江西古代茶叶生产和茶叶贸易的主要原产地和集散地，茶叶的品质和质量上乘，主要有婺源婺绿、得雨活茶、大鄣山茶、庐山云雾等品种，而且陆羽、朱熹等名人墨客在此留下的以茶会友、以茶言情的佳话轶事也数不胜数。在此区域内可以建立赣东北名士茶文化旅游圈，整合茶文化旅游资源，避免雷同，主推文士古迹、以名人效应带动茶文化旅游，开发以名士问茶、品茶为主题的旅游线路。再比如，赣西北的东林寺、云居山真如寺、靖安宝峰寺、奉新百丈寺、杨岐山普通寺等佛教圣地，慧远、慧永、虚云、怀海等高僧在潜心研究佛学的同时，从茶中也悟出了人生淡泊与雅致，并且他们多能将茶与禅完美结合，形成禅茶一味的境界，可以围绕这些资源建立赣西北禅茶文化旅游圈。此外，赣南是客家人居住的主要地区，形成独特的客家人文化，仍保留宋代以前中原茶文化的历史风貌，适合建立赣南客家茶文化旅游圈。

三是开展茶文化旅游功能区研究。可以按照有机茶生产技术、操作规程和栽培管理要求，建设茶叶绿色生态旅游观光园，供游人观光、采摘、自制等。通过茶文化展示博览园，用图片、文字、影像、实物资料再现茶具和采茶历史的变迁，以及茶道的发展沿革、流派，历代文人墨客、茶人对茶文化的独到见解，向游人展示茶文化的深邃内涵。建设茶文化旅游休闲度假园，将茶园观光、名泉观赏、茶具品赏、茶叶制作、茶艺表演、书画展览、名茶选购等茶文化旅游活动有机结合，观赏性旅游和参与性旅游相互渗透，知识性旅游和娱乐性旅游相得益彰。

第二，打造茶文化旅游品牌。

福建安溪茶文化旅游依托铁观音品牌优势推出了休闲度假、古迹旅游、茶都观光和铁观音发源地探幽等四条黄金旅游线路，聚集了很高的人气。台湾阿里山旅游，到处都是阿里山高山茶品茗区，既旅游又喝茶又买茶叶，不仅凝聚了人气，也带动了旅游产品的旺销。江西茶文化旅游要在竞争中取胜，必须打造出自己的品牌，不断丰富传统的内容形式，打造特色旅游产品。

上高县新界埠镇三丰茶场

一是打造名茶品牌。江西茶叶名称多而杂，目前全省仍有茶叶名称 600 多个，有的一个县就有几十个牌子，但却没有一个与龙井、碧螺春、大红袍、金骏眉等齐名的茶叶品牌，市场核心竞争力欠缺。婺源婺绿、庐山云雾、遂川狗牯脑、井冈翠绿、浮梁茶、得雨活茶等都是绿茶中的上品，但是各自特色不鲜明，产业规模不大。要坚持以省级整合为目标、区域整合为抓手、企业整合为重点，以政府支持为引导，加大对品牌文化内涵的挖掘，不断注入品牌的历史文化底蕴，使江西名茶品牌做到家喻户晓，举世公认。要努力打造江西绿茶的强势品牌，加大品牌整合力度，加大宣传，培育江西茶叶“航母”，打造更多的“江西名茶”。

二是打造茶文化旅游品牌。江西茶文化的优势在于历史悠久，茶俗独特，茶文化旅游要在乡村茶俗、民族风情、乡土文化等方面作好文章，提炼鲜明的茶文化旅游体验主题，树立文化品牌。通过设立鲜明独到的主题给游客留下深刻的印象，产生持久的记忆，是给游客树立起品牌的极佳方式之一。我们可以通过构思不同风格的主题，实现优势互补、良性竞争。根据茶文化的特征，设计“茶文化美食”“茶艺交流”“茶文化体验”“茶文化专题游”等主题，通过这些主题的设立，使游客在其中逐步理解当地茶文化的内涵，树立起良好的品牌形象。婺源上晓起村是江西开发的一处独具特色的茶文化旅游景点，在这里游客可以看到具有悠久历史的运茶古道、运茶推车、山村茶亭、制茶作坊等，游客可以在此领略古色古香的原生态茶文化，得到了广泛赞誉。

三是打造茶文化旅游产品品牌。可将江西历代茶诗茶画装裱成精美的字画出售，将客家茶礼与各地茶俗按比例缩小雕画在茶具上，既有纪念意义，又展示了江西茶文化的内涵；以茶叶为原料加工成茶饮品、袋泡茶、茶叶食品等，这些旅游产品一方面可以延伸茶产业链，另一方面也为游客购物提供了更多选择。要努力挖掘旅游产品的文化价值，以深层次的文化吸引力抓住游客。要提高茶文化旅游区内导游和服务人员的综合素质，充分发挥他们的媒介作用，将茶文化旅游的特色和文化内涵通过旅游产品较完美地传递给游客。

第三，提升茶文化旅游内涵。

要发展茶文化旅游，必须充分挖掘历史和民俗文化，充分利用江西的茶文化资源优势，提高茶文化旅游的参与性，提升旅游内涵。要稳妥处理“茶”与“游”的关系，把茶文化与生态旅游发展到更高、更深的层次，实现茶产业和旅游产业的双赢。

一是搭建各类茶文化旅游平台。可以在庐山、井冈山、婺源等景区设立茶艺馆，不仅为游客提供品茗和茶艺服务，而且也为当地群众提供茶文化活动场所。可以结合当地茶文化背景，建立一些茶文化主题公园，利用现有的景观增添茶文化内容，通过移植茶树等方式，展现古人植茶品茗的场景，展示历代众多的茶诗。还可以开辟茶诗画馆，既展示历史名家的诗画，又为现代人提供写诗作画的场所。

二是培育江西茶文化旅游环境。让旅游者到达江西旅游景点之后，在感受江西独特的旅游资源的同时，迅速感觉到江西处处飘茶香。可以在火车站或飞机场设立定时茶艺表演和品茶欣赏活动，由专业人员进行茶文化宣讲；在景区僻静处建设休闲茶馆，一边领略美景，一边品江西名茶。在农家乐地区建大型茶艺馆，让到访游客感受名茶的动人传说，欣赏婉转悠扬的茶歌，体验独特的茶俗。现在，游客越来越热爱体验游，专业人员在讲授“观茶、闻香、浸泡、尝味”的茶艺技巧时可让游客参与其中，感受自己泡茶品茶的乐趣。

三是加大茶文化旅游宣传力度。要深入挖掘茶文化旅游资源，加大各地茶文化旅游推介力度，通过文字、图片、声像等各种形式对各个旅游区的景点进行全方位的介绍，使处于全国各地的游客通过网络，足不出户就可方便地找到自己偏好的茶文化旅游地的信息，从而做好旅游计划，提前预订。要组织不同层次的茶文化交流，为茶文化旅游发展创造新的契机，在宣传和弘扬茶文化的同时，不同程度地推动茶文化旅游的发展，

采茶表演

拓展文化旅游的发展空间。要以“名人效应”来扩大影响，提升江西茶文化旅游的知名度和美誉度。旅游相关单位、部门尤其是旅行社要加强合作，不断推出茶文化旅游特色线路和活动。要通过广播、电视、报刊、网络及宣传手册、光盘等传媒手段，主动介入客源市场，积极引导潜在客户。要通过新闻发布会、旅游节、公关推介会等介绍自己的产品和线路。

金丝楠木：养在深闺人未识的江西宝藏

明代李时珍在《本草纲目》中谓："楠木生南方……于甚端伟，高者十丈，巨者数十周，气甚芬芳，为梁栋、器物皆佳，盖良材也。"楠木有三种：一曰香楠，二曰水楠，三曰金丝楠，后者是最好的楠木品种。从广义上讲，楠木中只要显现金丝的均可确定为金丝楠木。在光照下可看到金丝闪烁，光亮璀璨，精美异常，在古代是皇家专用木材，数量稀少，价格堪比黄金。

金丝楠是木中之极品。她是我国特有的珍贵木材，也是国家二级保护濒危植物。她多生长于深山密林之中，树干挺拔、通直，枝繁叶茂，树形美观，为其他树种所不及。她材质坚硬耐腐，不易变形开裂，水不能浸，蚁不能穴，能够千年不腐，且散发出淡雅幽香，被喻为"神木"。据专家介绍，金丝楠木生长缓慢，需百年以上才进入旺盛生长期，成为栋梁之材至少需要200年以上，素有"美成在久""寸金难买寸金丝"之誉。

传统意义上认为，四川、云南、贵州等地的金丝楠木分布广泛且品质优良，但最近越来越多的发现证明，江西也是金丝楠木的重要分布地区。在江西吉安市的遂川、井冈山、泰和，宜春市的宜丰、靖安，抚州的临川、资溪，上饶市的铅山、德兴，以及赣州等地广泛分布着金丝楠木，她们像一个个无人发现的金矿一样，默默地生长在全省的茂密山林中。以前，人们对江西的金丝楠木知之甚少，往往把其归纳为“闽楠”。江西的一些专家们认为，根据金丝楠木分布的地域和特性，完全可以称为“赣楠”。江西不仅具备适合楠木生长的自然环境，而且具有爱楠、崇楠、护楠的人文环境，可称为“赣楠天堂”。

金丝楠木只有在生态环境好的地方才能生长，历经千万年而生生不息，价值增值永无止境。江西属于东南丘陵地形，是典型的亚热带季风性气候下的湿热山地，为金丝楠木的生长提供了最优质的生长环境。典籍载，（古南康、虔州）境内森林繁复，自六朝以至唐宋都是如此。有楠木、杉树、樟树、枫树、松树、板栗树、南酸枣、杜仲、乌桕等树种1000余种。秦始皇三十五年（前212），在渭河以南的上林苑中开始营造阿房宫，派50万降卒到赣南伐木，称为“木客”。这些“木客”，拜南康师傅为师，砍好楠木等木头，运下山，沿赣江，转长江、汉水，一直运到京城长安。建设阿房宫的指挥者见南康木匠吃苦耐劳，技艺精湛，就把他们留下来参加阿房宫的建设。这是南康家具产业发展的历史渊源。

江西金丝楠是皇家建筑的重要选材。金丝楠专用于皇宫建筑和家具，皇帝的龙床、龙椅、宝座都要选用优质的金丝楠木材料制作。在明清两代的故宫太和殿、明长陵、天坛祈年殿、承德避暑山庄等，可以看到金丝楠木承担“四梁八柱”的重任。

金丝楠木树林

明清皇宫修造时，大量地使用了江西金丝楠木。有史料记载，明朝永乐年间兴建北京紫禁城之时，仅仅龙泉社溪（即今遂川县新江乡石坑村）便向朝廷进贡通直金丝楠木材 100 多根。古代遂川县便是皇家建筑的重要选材地之一，今天的遂川依然是我省金丝楠木的主要分布地区之一，全县 23 个乡镇都有楠木分布。据调查，该县共有楠木片林 166 块，面积 3 万余亩，55 万株，胸径 30 厘米以上的楠木达 1.1 万株以上。在衙前镇溪口村，大大小小的楠木竟有 3000 余棵，其中，一棵古楠木树龄 600 多年，围径达 5.2 米，是全国最大的单株楠树，被誉为“江南第一猛楠”。遂川人喜欢种楠树，因为“楠”与“男”谐音。

金丝楠木树干

他们视楠木为旺男丁的风水树，在房前屋后种楠树的风俗一直流传到现在。不仅如此，当地的婚嫁风俗也离不开楠木。正是遂川群众喜楠、崇楠的古老传统，才给这里保留下了数量庞大的金丝楠木群落。

宜丰县也是金丝楠木重要分布地。这里地处九岭山脉南麓，气候湿润，雨水充沛，土壤肥沃，在其北部山区，野生金丝楠木群总面积有 1 万多亩。宜丰的野生金丝楠木群落主要分布在桥西、官山自然保护区、潭山、天宝等乡镇，其中桥西乡塔前金丝楠木是目前宜丰境内发现的最大一片，穿行林间，棵棵楠木似张张巨伞，遮天蔽日，树干平均高达 60 米。潭山镇洑溪村古树长廊有 13 棵楠木，其中 6 棵交叉连成一排，大部分超过了 1 米直径，树龄 600 年左右。宜丰古代为楚地，与湖南相邻，赣湘习俗相通，建祠堂楼坊，门首两根大立柱必用株木，取“朱门”之意。对讲究习俗者，整体建筑中往往要使用五种木材，即杩树、侯樟树、柏木、梓木、楠木，暗喻“公侯伯子男”爵位。许多古建筑、牌坊、祠堂都使用了金丝楠木，如位于县城的漆氏祠堂、花桥白市村的“鲁班坊”、潭山镇店上村的“孝子屋”、天宝刘氏四季公祠等。

有些地方则巧用了金丝楠的养生药用功能。金丝楠有舒筋活络、养血补气、静心安神之功用，可以单独入药，或与其他中草药配伍。中国自古就有“楠香寿人”的说法，久居楠香之屋，可以延年益寿。靖安县高湖镇古楠村，因村内生长大批珍贵的古楠木而得名，自然风光秀丽，文化韵味浓厚。近年来，古楠村大力治山理水、提升生态质量和效益，打造一个田园康养综合体，与旅游观光、农耕体验相融合，形成中医诊疗、休闲避暑等产业链。

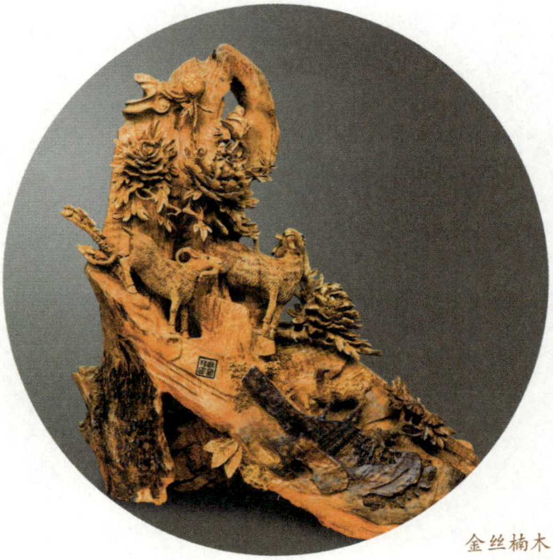

金丝楠木工艺品

人们对江西金丝楠木了解甚少、知之不多。一个原因可能是金丝楠木属于皇家用品，人们觉得她神秘、贵重，曲高和寡。另一原因可能是赣鄱大地物产富饶，其他的物产掩盖了金丝楠木的光芒。其实，金丝楠木离我们并不远，只要你有心，就可以亲近金丝楠木。她高贵典雅，性情温润，不喧不燥，抚之如温润如玉，闻之有淡淡清香，极似辉煌灿烂而又内敛低调的江西文化，极像辉耀星空而又聪慧坚执的江西文化大家。林业主管等部门应加大金丝楠木的宣传力度，让公众了解江西金丝楠，亲近金丝楠。金丝楠是大自然赐予我们的宝贵财富，保护好她是我们义不容辞的责任，对于破坏金丝楠木的行为要坚决依法严惩。对于一些地区，在保护的前提下，可以发挥金丝楠独特的生态资源优势，发展金丝楠木科普、观光、休闲、民宿、赏游系列生态产业，打造“金丝楠木”生态旅游线路。在自然条件适宜的地区，可在苗木培育、种植栽培、木材加工等方面积极探索，引导发展金丝楠木特色产业，使这一养在深闺人未识的江西宝藏为脱贫攻坚和乡村振兴发挥更大的作用。

金牌讲解班的标准与启示

从2012年起，江西先后在江西师范大学、江西科技师范大学、赣南师范大学开办金牌讲解班，目的是为江西量身定制高端导游讲解人才，使全省旅游服务水平提档升级。5年多来，三所高校在优秀生源选拔、培养方案优化、教学条件建设、教学团队打造等多方面进行了深入的改革探索，开创了政府、高校、行业、企业协同培养旅游人才的新模式。

一、开办金牌讲解班的意义

开办金牌讲解班对于破解旅游人才瓶颈、加快全域旅游建设、推动高等教育特色化、增强学生就业竞争力，具有十分重要的意义。

1. 开办金牌讲解班是加快全域旅游的迫切需要。

国以才立，业以才兴。当今旅游产业经济的竞争表面上看是产业发展水平的竞争，说到底还是人才的竞争，谁拥有了人才，谁就拥有了旅游产业发展的未来。近年来，江西提出将旅游业打造成为绿色崛起的“第一窗口、第一名片、第一品牌”。第一窗口、第一名片、第一品牌需要一流的人才做支撑。但是目前全省旅游行业高层次高素质高技能的领军性人才、国际化人才普遍不足，各种新型人才缺乏。开办金牌讲解班的目的，就是要解决高层次旅游讲解人才不足的难题。

2. 开办金牌讲解班是推动高等教育特色化的有益探索。

当前，随着高等教育大众化的深入推进，高校分类管理和特色办学已在国家层面引起重视，特色型大学、特色化专业正迎来重要的发展机遇。开办金牌讲解班，将高等教育人才培养与旅游行业需求紧密贴合，通过专业化、系统化培养，很好地解决了人才培养与社会需求“两层皮”的矛盾，为江西今后培养应用型、复合型高端人才探索了一条可资借鉴的新路径。

3. 开办金牌讲解班是增强学生就业竞争力的有效途径。大学生就业难已成为当前经济社会发展中的热点和难点问题。就业难的原因有很多，其中重要一条就是高校培养的学生缺乏直接上岗的能力。开办金牌讲解班，通过设立实训、实习、实践基地，金牌讲解班的学生不仅能直接上岗，更能凭借“科班出身”，毕业即持有国导证等优势迅速成为行业尖兵，有效地增强了学生的就业竞争力。

二、明确金牌讲解班学生的培养标准

1. 俊美的形象。

导游是面对面的服务，既要提高内涵，又要注重形象，这是必备条件。科学研究表明，我们对周围人的印象，从映入眼帘一刻开始到完成一次神经反射，得出一个初步的印象只需要

0.38 秒。因此，外表和形象往往决定了游客的第一印象。而第一印象常常关联着游客的信任，一定程度上也会左右他们在旅游活动中的判断和认知。

2. 精湛的才艺。

讲解工作是一项要求很高的综合性工作，直接面对众多的游客，远不是一般人所认为的背一背导游词、讲解词那么简单。好的讲解员，不仅应使讲解具备知识性，还应使讲解充满乐趣，关键时刻还敢于唱独角戏。“金牌讲解班”的学生，个个都要能歌善舞，能演奏乐器，有一些拿得出手的才艺。赣南师范学院要求金牌讲解班学生在掌握普通话和英语讲解的基础上，还必须掌握 1~2 种方言（客家话、粤语、赣方言等），这也是独特的才艺。

3. 优雅的气质。

旅游从业人员的谈吐、举止等礼仪行为是建立融洽的客服关系的前提。优雅的气质是从文化的陶冶中产生，也在文化的陶冶中发展。江西师范大学专门开设形体、礼仪、声乐、文化等课程，由省内外相关行业领域的知名人士进行授课和强化训练，使学生由内至外的气质有了明显提升。

4. 深厚的底蕴。

文化是旅游中最重要的元素，是旅游的灵魂，没有文化的旅游是没有生命力，也是不可持续的。江西自古称“物华天宝、人杰地灵”，有着悠久的历史和璀璨的文化。书院文化、宗教文化、陶瓷文化、节义文化、建筑文化等传统文化都具有世界影响，这些都是江西旅游资源的重要内容。作为金牌讲解班的

瑞金红井

学生必须充分吸取江西文化发展的优秀成果，讲好江西故事。同时，不同的游客对文化知识的需求不尽相同，讲解员的文化知识要全面，要成为具有厚重历史文化底蕴和语言表达水平的杂家。

5. 娴熟的技能。

“山水美不美，全靠导游一张嘴。”这是对旅游讲解工作重要性的最好诠释。但是“一年拳，两年腿，十年才练一张嘴”，讲解技能是需要反复训练的。比如，好的讲解员应知道怎样开头，怎样结尾，怎样留包袱和解包袱，怎样高潮迭起、好戏连台，怎样悬念丛生、救人水火，怎样设置矛盾、迎刃而解。同样一幅风景，同样一篇解说词，为什么优秀导游讲解，听上去就津津有味，有的人讲解听上去就索然无味，这其中最重要的区别就是讲解技能。

三、认真总结金牌讲解班的经验

金牌讲解班以服务于全省旅游产业大发展为目标，突出模式创新、制度创新、体制创新，形成了江西旅游人才培养的金字招牌，受到中央和国家部委领导的高度肯定，中国旅游报、中国教育报、江西日报等媒体做了专题报道。

1. 人才培养成效好。

通过政府、企业、高校、行业协同培养，金牌讲解班的学生综合素质大幅提升，多次获得全国、全省导游、讲解各类大奖，充分展示了金牌讲解班的办学成效。

2. 学生就业率高。

素质的提升有力促进了金牌讲解班学生的就业。江西师范大学、江西科技师范大学首届毕业班就业率均为100%，就业去向分别为井冈山、三清山、婺源、深圳国旅、南方航空公司等知名景区、旅游企业。中国青年报还专门以《金牌讲解员：一个毕业生5个单位“抢”》为题对金牌讲解班学生的高就业率进行了报道。

3. 带动江西旅游形象大提升。

金牌讲解班开办以来，全省重大政治活动、重大旅游会议、重大接待工作，经常性邀请“金牌讲解班”学生承担讲解任务，获得广泛好评。第十七届海峡两岸旅行业联谊会举行期间，江西科技师范大学第一届和第二届金牌讲解班共50名学生负责担任本次旅游盛会的志愿者工作，以优质的服务获得了国家旅游局和各省、自治区、直辖市旅游主管部门领导的一致好评。时任国家旅游局局长邵琪伟同志称赞学校金牌讲解班办得好，有示范引领意义，应在全国推广。几年来，金牌班的同学们就像一粒粒珍珠洒落在江西各地，展示着各自的风采，有力地促进了江西旅游业发展。江西日报以《金牌讲解班为江西风景添彩》为题，对金牌讲解班学生毕业后为江西旅游做贡献进行了报道。

4. 人才培养模式得到推广。

办班最初的设想是通过 5 年左右的时间，打造一种新的人才培养模式。实践证明，通过这样的特色培养、定单式打造，得到市场追捧，且人才是高质量的。目前，“金牌讲解班”人才培养模式已辐射至高校其他专业办学，如江西科技师范大学开办的“瓷板画班”“九洲制药班”“庐山西海班”等。

通过几年的办学，金牌讲解班有以下几点经验值得总结。

优质的生源是前提。学生的生源质量是金牌讲解班成败的关键。在生源选拔过程中，打破学科专业限制、学校限制，坚持优中选优。有的学校还采取第一、第二专业齐头并进的办法，在音乐、外语、传播、播音主持等专业低年级学生中招录优秀学生，形成了金牌讲解班特有的选拔机制。

强大的师资是保障。各个学校不但把本学校最强、最专业的师资力量投入到金牌讲解班的教学中，还邀请不同行业、不同层次的各路精英参与课堂教学，增强课堂教学与鲜活实践之间的沟通与衔接。比如，江西科技师范大学采取双聘双师，面向全国旅游行业特聘一批专家、学者和一线高级管理人员，建设“金牌讲解班专家师资库”，打造一支稳定的、专兼职融合的高水平教学团队。

按需施教和面向市场是路径。始终贯彻按需施教的教育理念，注重结合培养目标编写新教材，坚持“学校和企业互动、专业与市场接轨”的原则，把产业发展、市场主体的用人需求及所需的专业技能培养融入到人才培养方案中，让学生在校园的专业学习过程中，就能够按照市场具体岗位要求完成专业课程的学习，在实习中与拟就任的岗位无缝对接，毕业后很快能够胜任本职岗位。比如，江西师范大学探索建立校企（行业）协同、校地（区域）协同，着力建设庐山、三清山、龙虎山、井冈山、明月山、婺源篁岭等景区教学实践基地，为学生提供实践平台；江西科技师范大学金牌讲解班与南昌八一起义纪念馆、滕王阁、小平小道等景区合作，定期安排“金牌讲解班”学生赴景区景点提供讲解志愿服务；赣南师范大学与本市各大

南昌八一起义纪念馆现场讲解

景区建立合作关系，积极承担重要讲解任务。

四、提高金牌讲解班办学水平

不断总结金牌讲解班办学经验和教训，不断创新思路和模式，提高办学水平，力争将金牌讲解班打造成全国高端导游讲解人才培养的知名品牌。

1. 整合资源，协同培养。

充分整合政府、高校、行业、企业各种资源，加强金牌讲解班建设。教育部门应继续将“金牌班”教学改革列入江西省普通高校专业综合改革项目给予政策、资金支持。旅游部门应积极推动全省各旅游景区和旅行社切实加强与学校的相互合作，建立长期合作机制，实现双方合作共赢。高等院校要整合艺术、文化、外语、医疗等与旅游相关的课程、师资，全面提升金牌讲解班学生的综合素质。

2. 注重实效，以用为本。

各高校要深入研究旅游行业人力资源现状，及时掌握景区、企业需求，实行订单式教学，按需施教。特别是针对江西旅游业发展方向，积极培养健康养生休闲度假旅游、乡村旅游、古迹游、宗教游等方面亟需的旅游讲解人才。在课程设计上，突出应用性、实践性的原则，通过政府扶持和市场运作相结合，建设一批金牌讲解班实训基地，更多地为学生提供到景区、景点实践的机会。

3. 提高质量，打响品牌。

办学质量是金牌讲解班未来发展的基石。要加强师资队伍建设，通过内配外引的方式，培养理论与实践兼具的双师型教师，积极聘请校外专家、企业经理人进行授课，为高级旅游人才培养提供资源保障。要突出特色，校企对接，差异发展，实现“一校一品”，全力将金牌讲解班打造成为培养旅游人才的“摇篮”。金牌讲解班的学生要加强学习，不断提高自身素质。

4. 跟踪服务，留住人才。

省旅发委要积极研究探索建立以旅游企业为主体的培养人才、引进人才、使用人才和留住人才的有效机制。各市、县(区)要积极为本地引进旅游人才制定优惠政策，解决实际问题，营造良好环境。同学们要转变就业观念，不要简单以是否为公务员、参公或事业编制为唯一选择标准。各旅游景区要切实拿出具有吸引力的岗位和待遇，共同促进金牌讲解班毕业生到当地就业。高校要做好毕业生的就业引导和跟踪服务，让更多优秀人才在促进全省旅游产业转型升级过程中实现自身价值，为建设旅游强省贡献力量。

将赣西打造成江西旅游新的增长极

赣西区域主要包括萍乡、宜春、新余及安福县，该区域旅游资源丰富多样，但发展相对薄弱，旅游主要指标在全省占比较低。整合赣西旅游资源，打造赣西旅游品牌，推动赣西旅游全面快速发展，对于进一步加快江西旅游产业强省建设具有重要意义。

加快赣西区域旅游发展大有可为、大有作为。宜春、萍乡、新余市及安福县应充分发挥资源优势，加强资源整合与交流合作，深度融合发展红色文化、绿色生态、历史人文、禅宗文化、温泉休闲、农业观光等旅游业态，形成西接湘鄂、南连井冈、北依南昌的三省交会、四方通达的区域旅游中心，成为江西旅游产业发展新的增长极。

1. 编制赣西旅游发展规划。

制定和提升《武功山风景名胜区总体规划》，并以此为依据，加快景区详细规划的编制步伐，对区域内旅游开发项目进行合理控制、科学布局，避免重复、破坏性开发。同时，组织编制《赣西旅游产业发展总体规划》，确立赣西旅游发展目标，明确发展路径。

萍乡武功山

2. 打造大武功山龙头景区。

萍乡、宜春市及安福县应按照“搁置争议、资源共享、共同开发、互惠共赢”的原则，推动武功山各片区之间游览的无缝对接，共同构建武功山完整游览体系，实现“一处购票上山、多处免票下山”的大武功山旅游格局。当前，要探索建立武功山合作开发新模式，对武功山进行整体营运开发。着手《武功山风景名胜区管理条例》的研究论证和起草工作，为武功山的发展提供法律和体制机制保障。同时，加快推进武功山申报国家 5A 级旅游景区工作。

3. 开发差异化旅游产品。

围绕“休闲度假胜地、运动养生极地、禅宗文化圣地”的总体定位，结合实际，突出特色，发挥优势，着重开发休闲度假、户外体验、养生康疗、禅宗祖庭等不同类型、不同层次的旅游产品。比如，宜春以生态观光旅游、温泉康疗度假、禅宗文化和乡村休闲旅游为主；萍乡以武功山观光和户外运动、山地度假养生、红色旅游为主；新余以仙女湖观光休闲、情爱文化、水上运动、中国洞都为主；安福武功山依托山水、温泉资源，打造温泉度假和慢生活基地，走差异化发展道路。同时，注重挖掘地方文化资源，打造以禅宗文化、月亮文化、农耕文化、傩舞文化、情爱文化、祈福文化为主题的旅游演艺节目，重点打造千古情、“禅林武功”为主题的有特色、高品质旅游文艺节目，丰富旅游产品体系，提升旅游产业附加值。

4. 建设快速旅游交通网络。

加快建设赣西游客集散服务中心，并以点带面，辐射整个赣西区域。同时，加快旅游交通网络建设。适时开通连接赣西三地主要景区的旅游公交线路，实现旅游景区间的无缝对接；完善钱山——泰山——浒坑——章庄——洪江——温汤——万龙山——麻田——钱山的环武功山旅游通道；完善赣西和赣中南（井冈山红色旅游）通道，构建南昌——井冈山——安福武功山——萍乡武功山——宜春武功山——新余仙女湖——南昌赣西南大循环；完善赣西内交通大循环，构建南昌——丰城、樟树、高安——新余仙女湖——宜春武功山（明月山）——萍乡武功山、安源、杨岐山——万载、宜丰、铜鼓——奉新、靖安——南昌内循环。

5. 科学编排精品旅游线路。

根据资源特色和市场需求，科学编制赣西绿色精粹黄金旅游线路建设性详规，倾力推出武功山——温汤镇——仙女湖“山水湖赣西精粹游”精品线路，推出井冈山——莲花——安源——万载——上高——铜鼓“红色经典游”和新余圣集寺——萍乡杨岐山普通寺——宜春栖隐禅寺——宜丰黄檗禅寺、普利禅寺——奉新百丈寺——靖安宝峰寺“禅宗文化游”等专项旅

庐山东林寺

游线路，以及运动康疗、山水生态、乡村休闲等特色旅游线路。积极组织国内大型旅行社实地踩线，对旅游线路进行差异化组合，以满足市场多样化的需求。

6. 统一赣西旅游宣传策划。

围绕赣西旅游发展定位，统一开展旅游宣传营销活动，统一推出宣传主题口号，统一制作宣传资料，并在报纸、电视、网络等媒体上定期刊播；定期联合组团赴主要客源地开展宣传促销活动，不定期联合举办赣西旅游节庆活动，以旺人气、聚财气，打造品牌，提升形象。同时，积极巩固湖南、湖北及长三角、珠三角、京津冀区域等国内市场，在长沙、上海、广州和香港、台湾等重点客源市场引进品牌响、信誉高、实力强、网点多的全国性连锁旅行社，进驻赣西设立分公司，负责赣西旅游品牌的推广和宣传，独家代理销售赣西精品线路。同时，积极开拓以韩国、日本为重点的亚洲市场和以美国、英国、法国为重点的欧美市场。

7. 实行赣西旅游联（通）票制度。

发行赣西旅游优惠年票或联票，将赣西的主要旅游景点进行差异化打包推广，游客购票后可在规定时间内游览指定的景区景点；赣西的所有景区对三市四地（包括安福县）居民均实行门票折扣优惠，鼓励居民积极参与赣西本地游。发行武功山旅游通票，持通票者可游览萍乡武功山、宜春武功山（明月山）、安福武功山。

8. 加强赣西旅游商品开发。

设立赣西旅游商品研发创意基地，出台系列优惠政策，吸引国内外优秀研发生产企业和创意人才落户赣西。定期举办赣西旅游商品交易会、博览会。对现有的旅游商品，比如新余的

宜春明月山云海

夏绣、宜春的脱胎漆器、萍乡的青山寨特产、安福的火腿等等，要在产品质量、外观设计、包装宣传等方面提档升级，在突出文化特色、地域特色和打造品牌上下功夫。同时，成立赣西区域旅游商品行业协会，发挥桥梁和纽带作用，推动赣西旅游商品行业规范、快速发展。

9. 建设旅游信息共享平台。

建立统一的赣西旅游资讯网站，加强现有旅游政务网站的相互链接和信息互动，及时发布各市旅游动态信息，实现旅游信息共享。逐步建立赣西旅游信息预报制度，完善旅游突发事件的应对机制和投诉机制。建立旅游赔付基金，统一处理赣西旅游质量投诉、安全事故处置、旅游经济合同纠纷等快速反应与处理平台。加强“旅游 110”联动和旅游城市质监互动协作，切实提高旅游质量投诉现场处理能力；对于重大旅游安全事故，所在的设区市应当根据预案及时处置。

10. 建立赣西旅游合作机制。

建立赣西旅游区域合作联席会议制度。由宜春、萍乡、新余市政府作为轮值主席，吉安市安福县作为成员，每半年召开一次联席会议，每年举办一届区域旅游业发展论坛，不定期召开工作协调会，形成赣西旅游决策协调机制。

创建国家东部生态旅游实验区

一、创建国家东部生态旅游实验区时机已经成熟

经济全球化、区域一体化已成为不可阻挡的时代潮流。旅游业更是区域一体化中的先导产业，它对生态环境影响小，对脱贫攻坚贡献大，有利于联合推进，当前区域之间、城市之间、景区之间以及行业之间的旅游合作迅猛发展。江西、浙江、福建、安徽四省地缘相近、人缘相亲，创建国家东部生态旅游实验区基础牢固、潜力巨大、前景广阔。一是区位优越。四省交界区域地处长三角、珠三角、闽东南三角区交汇点，区位条件得天独厚。 二是交通便捷。高铁的开通极大地缩短了四省时空距离，使沿线城市产生明显的“同城效应”。三是资源丰富。四省交界区拥有数量众多的世界遗产、国家地质公园、国家5A级景区、国家级自然保护区、国家级风景名胜区和国家森林公园。加强赣浙闽皖四省旅游合作，创立国家东部生态旅游实验区，建设国家东部生态屏障，符合国家发展全域旅游的新方向，发展优质旅游的新要求，顺应了旅游发展新常态，应该说现在时机已经完全成熟。

二、江西省全力参与国家东部生态旅游实验区创建

将四省交界地区打造成国家东部生态旅游实验区，并积极推动其上升为国家战略，有利于凸显区域旅游整体优势，对赣浙闽皖四省加快旅游发展具有重要意义，江西省积极支持、全力参与、携手合作、共同推进。在国家相关部门指导下，赣浙闽皖四省联合申报国家级生态文化旅游示范区工作座谈会召开以后，江西省高度重视，立即展开相关调研工作，对《国家级生态文化旅游示范区发展规划思路（讨论稿）》征求有关设区市意见，并积极设计旅游产品和规划有关旅游线路。根据调研和征求的意见，我们提出在规划初稿江西仅上饶市（面积 2.27 万平方公里、人口 669 万人）纳入国家东部生态旅游实验区的基础上，再增加景德镇市（面积 0.53 万平方公里、人口 163 万人）、鹰潭市（面积 0.36 万平方公里、人口 115 万人）、九江市（面积 1.88 万平方公里、人口 481 万人），总面积达 5.04 万平方公里，总人口 1428 万人，这样就将赣东北全部加了进来，更加注重了生态的连续性和地域的完整性，注重了和浙江、福建、安徽三省的整体衔接。

三、加快推进国家东部生态旅游实验区创建发展

为进一步做好国家东部生态旅游实验区的创建发展工作，建议共同推进“三大平台和三大网络”建设。

一是建立统一的政策推进平台。

通过建立政府间的高层决策机制、主管部门之间的对话协调机制，争取给予一些有利于旅游发展的特殊政策，如落地免

签和购物免税政策等。以成立区域旅游行业协会等方式，制定统一的旅游产业发展政策，确定旅游业发展战略，消除区域旅游合作共建的政策性障碍，形成统一、开放、高效的旅游市场体系，真正把四省交界区域建设成无障碍的跨省生态旅游区。

二是建立统一的规划实施平台。

跨省创建国家生态旅游实验区是全国首创，四省要共同争取国家相关部委的支持，申报区域旅游合作联盟，列入国家规划项目。要按照国家生态旅游实验区建设要求和旅游市场需求，布局旅游产业链条，合作开发旅游精品及各项专题产品，积极推进旅游产品差异化发展，全面提升区域旅游的竞争力。

三是建立统一的生态保护平台。

四省交界区域旅游资源是不可分割的整体，江西的龟峰、龙虎山、黄冈山与福建的武夷山同属一个山脉；江西的婺源与安徽的黄山，江西景德镇、三清山与浙江的衢州、金华相依为邻。可以说，区域内的生态环境相辅相成、相互影响，共同推进建设国家生态旅游实验区，就必须把区域内自然和人文生态系统的保护放在首要位置。各省要共同努力争取国家层面出台相关规定对区域内的生态资源予以保护。同时，要注重顶层设计。不管是市场主体，还是政府主导开发旅游资源，都必须依据《国家生态旅游实验区发展总体规划》，坚持以保护作为第一前提，没有规划的一律不得开发，真正用规划来指导区域旅游业发展。

四是建立统一的便捷交通网络。

四省交界区域创建生态旅游实验区需要依赖便捷的道路交通。京福和沪昆两条高铁开通后贯穿其中的八个城市，加之九景衢、昌景黄等多条高速铁路的补充，整个区域内的“大交通”将畅通无阻。要抓住这一有利时机，尽快打通区域内各景区之间的快速通道，取消旅游车辆入城、入景区限制，为外地旅游车辆开辟绿色通道。同时，江西上饶将发挥区域交通枢纽优势，特别是高铁交汇的优势，加快推进上饶旅游集散中心建设，强化旅游集散功能，服务区域内各大旅游城市和重点景区。

五是建立统一的宣传营销网络。

根据旅游市场特点，将区域内重点景区串珠成线，设计旅游精品线路，试行区域景区联票。联合组团参加旅游交易会、博览会，同设旅游展台，共推旅游线路和产品。充分利用旅游宣传载体、展会节庆活动、目的地营销网络和驻外机构等平台，齐心协力共同宣传推介区域旅游，打造“国家生态旅游实验区”整体形象。

六是建立统一的标准化服务网络。

建立健全区域旅游诚信服务机制，设立区域内游客投诉和服务热线电话，实现区域内旅游执法、投诉、应急处理的联动机制，保障旅游市场健康有序发展。全面建设旅游信息共享网络，构建区域旅游信息平台，实现区域旅游信息互动，互享互利。

四省联合创建国家东部生态旅游实验区意义重大。江西将与大家一道，按照“开放、互信、互补、共赢”的原则，以更加富有成效的合作与交流，全力推动创建国家东部生态旅游实验区工作向纵深发展。

主要矛盾的转化与全域旅游的发展

中国特色社会主义进入了新时代，一个重要依据就是我国社会主要矛盾发生了新变化。党的十九大提出，我国社会主要矛盾已经转化为人民日益增长的美好生活需要和不平衡不充分的发展之间的矛盾。这一重大判断，是以习近平同志为核心的党中央运用马克思主义基本原理、基于中国社会发展实际作出的一个根本性、全局性的重大判断。深刻把握社会主要矛盾变化的新特点、正确理解新时代我国社会主要矛盾的新内涵，是我们做好全域旅游工作的重要指导。

一、我国社会主要矛盾转化的历史脉络

奴隶社会的主要矛盾是奴隶主贵族与奴隶之间的矛盾，封建社会的主要矛盾是地主阶级与农民阶级的矛盾，从 1840 年鸦片战争到新中国的建立，中国进入半殖民地半封建社会，社会的主要矛盾是帝国主义和中华民族的矛盾，封建主义和人民大众的矛盾。

进入社会主义社会后，我国的无产阶级同资产阶级之间的矛盾已经

基本上解决，几千年来阶级剥削制度的历史已经基本上结束。党的八大指出：“我们国内的主要矛盾，已经是人民对于建立先进的工业国的要求同落后的农业国的现实之间的矛盾，已经是人民对于经济文化迅速发展的需要同当前经济文化不能满足人民需要的状况之间的矛盾。”然而，由于种种原因，主要是党在指导思想上发生了“左”的错误，上述正确认识未能很好地坚持下去。

1978 年党的十一届三中全会果断地纠正了“以阶级斗争为纲”的错误方针，决定把党和国家的工作重点转移到社会主义现代化建设上来，进而对我国社会主要矛盾作出了新的概括。1981 年，党的十一届六中全会通过的《关于建国以来党的若干历史问题的决议》对我国社会主要矛盾作了规范表述：“在社会主义改造基本完成以后，我国所要解决的主要矛盾，是人民日益增长的物质文化需要同落后的社会生产之间的矛盾。”

2017 年，党的十九大提出，“中国特色社会主义进入新时代，我国社会主要矛盾已经转化为人民日益增长的美好生活需要和不平衡不充分的发展之间的矛盾”。这是我国社会主要矛盾发生的重大变化。

二、我国社会主要矛盾转化的主要依据

作出新时代我国社会主要矛盾的重大判断，是以习近平同志为核心的党中央坚持辩证唯物主义和历史唯物主义的方法论，从党和国家事业发展大局的现实基础和发展方向进行思考，作出的根本性、全局性的重大判断，具有深厚的理论依据、坚

定的现实基础和重大的历史意义。

从理论依据来说，这一重大判断基于马克思主义基本原理的实践运用。唯物辩证法认为，事物是由矛盾构成的，矛盾无时不在、无处不在。在任何事物中都存在多种矛盾，但各个矛盾的地位是不一样的，其中处于支配地位、对事物发展起决定作用的矛盾是主要矛盾，其他处于从属地位、对事物的发展不起决定作用的矛盾是次要矛盾。毛泽东同志指出："在复杂的事物的发展过程中，有许多的矛盾存在，其中必有一种是主要的矛盾，由于它的存在和发展规定或影响着其他矛盾的存在和发展。"以习近平总书记为核心的党中央坚持以马克思主义基本原理为指导，运用具体问题具体分析的方法，深刻分析了我国社会主要矛盾运动发展的状态和趋势，作出了我国社会主要矛盾转化的科学结论，是我们党实事求是、具有创新活力的重要体现。

从现实基础来说，这一重大判断深深地扎根于我国社会发展阶段的土壤。第一，经过改革开放近 40 年的发展，我国社会生产力水平总体上显著提高，生产能力极大增强，在很多方面进入世界前列，基本摆脱了原来落后的社会生产的状况，国内生产总值稳居世界第二，高铁运营总里程、高速公路总里程、港口吞吐量等均居世界第一位，中华民族迎来了从站起来、富起来到强起来的伟大飞跃，长期所处的短缺经济和供给不足状况已发生根本性变化，再讲"落后的社会生产"已经不符合实际情况。第二，在物质文化需要得到基本满足之后，人民的美好生活需要日益广泛，呈现多样化、多层次、多方面的特点，不仅对物质文化生活提出了更高要求，而且在民主、法治、公平、正义、安全、环境等方面的要求日益增长，再只讲“物质文化需要”已经不能真实反映人民群众的愿望和要求。第三，在落后的社会生产基本解决之后，影响人们美好生活需要的因素主要是发展不平衡不充分问题。发展质量和效益还不高，创新能力不够强，城乡区域发展和收入分配差距依然较大，民生领域还有不少短板，群众在就业、教育、医疗、居住、养老等方面面临不少难题，这已经成为满足人民日益增长的美好生活需要的主要制约因素。这些客观存在的新问题，决定了我国社会主要矛盾已经从人民日益增长的物质文化需要同落后的社会生产之间的矛盾，转化为人民日益增长的美好生活需要和不平衡不充分的发展之间的矛盾。

从历史依据来说，正确地把握主要矛盾对党和国家事业发展起到引领和指导作用。毛泽东同志曾指出：“捉住了这个主要矛盾，一切问题就迎刃而解了。”这是我们党在长期奋斗中形成的重要经验。革命时期，我们党正确把握中国社会主要矛盾，据此制定正确的纲领、路线、方针、政策，取得了新民主主义革命的伟大胜利。在党的八大确定了主要矛盾的变化后，我们动摇了这一正确论断，错误提出“以阶级斗争为纲”，以致酿成十年文革的严重失误，党和国家为此付出沉痛代价。改革开放40年来，我们科学分析了社会主义初级阶段主要矛盾，为部署党和国家全局工作提供了重要指引，坚持了以经济建设为中心，我们才取得了社会主义现代化建设的伟大成就。历史充分证明，党和国家事业能不能顺利发展，同我们是否随着社会历史条件的变化准确认识和把握社会主要矛盾紧紧地联系在一起。

三、如何理解社会主要矛盾的转化

我国社会主要矛盾的转化实质上反映了我国现实状况的历史性变革，因而有必要进行全面准确的理解。社会主要矛盾表述的变化集中在：从“落后”转变为“不平衡不充分”，从“社会生产”转变为“发展”，从“物质文化需要”转化为“美好生活需要”。从这些关键词的转变，可以基本反映出新旧表述之间的继承和发展关系，也可以反映出新表述的时代特色和全球眼光。

一是要实现从经济增长到经济社会全面发展的转变。

在经济学中，增长和发展是不同的两个概念。增长主要是指经济总量的增加，国民收入的提高，而发展包含的概念则要宽泛许多，包括收入、环境、分配、法治、健康、教育等等。当然，两者是紧密相关的，更高的收入水平往往能带来更高的发展水平。简单地说，增长是手段，发展是目的，但两者并不必然是同步的。同时，保持增长可持续性的问题也越来越重要。在低收入阶段，大部分是成本竞争，环境的标准很难定得太高，但从长期来看，如果环境持续恶化，单纯依靠粗放式发展，那么经济增长的可持续性会出问题。因此，随着社会主要矛盾的转化，完全可以淡化 GDP 增长目标，从单纯追求经济数字的增长转向追求经济社会的全面进步。

二是要实现从不平衡不充分发展到平衡充分发展的转变。

不平衡不充分不仅表现在落后地区、农村发展不充分，落后地区与发达地区、农村与城市发展不平衡；而且表现在东部发达地区包括一些大城市依然有发展不平衡不充分的现象，如高质量的医疗、教育还是稀缺资源，高等级的城市地下管网建设刚刚起步，有的城市还存在不少“城中村”。着力解决好发展不平衡不充分的问题，需要大力提升发展质量和效益。面对经济发展进入新常态后出现的一系列困难矛盾和风险挑战，必须贯彻新发展理念，努力实现更高质量、更有效率、更加公平、更可持续的发展。

三是要实现从“满足物质文化需要”到“满足美好生活需要”的转变。

与物质文化需要相比，人民美好生活需要的内容更广泛。它不仅包括物质文化需要这些客观“硬需要”的全部内容，还包括其衍生的获得感、幸福感、安全感和尊严、权利等具有主观色彩的“软需要”。既有的“硬需要”没有消失，并呈现升级态势，人们期盼有更好的教育、更稳定的工作、更满意的收入、更可靠的社会保障、更高水平的医疗卫生服务、更舒适的居住条件、更优美的环境、更丰富的精神文化生活；新生的“软需要”则表现为对民主、法治、公平、正义、安全、环境，对共同富裕，对人的全面发展、社会全面进步都提出了相应要求。

四、以全域旅游满足人民群众对于美好生活的需要

随着经济增长、人民生活水平的提高和闲暇时间的增多，旅游业逐步成为人民大众生活方式的重要内容，旅游已经跳出

原本单纯的产业和经济属性，成为实现全体人民共同富裕和促进社会发展的重要方式。中国特色社会主义进入了新时代，旅游业发展也已经步入全域旅游新时代。主要矛盾决定大政方针，也决定我们一切工作的奋斗目标。从旅游工作来说，旅游是当之无愧的实现“美好生活”的重要载体，人民群众对旅游美好生活的需求就是我们奋斗的目标。当前，旅游业同样面临“不平衡不充分”的矛盾，如发达地区和欠发达地区旅游基础设施发展不平衡，旅游景区景点太少，节假日重点景区人头攒动。要解决这些问题，就要大力推进全域旅游。

全域旅游是将特定区域作为完整旅游目的地进行整体规划布局、综合统筹管理、一体化营销推广，促进旅游业全区域、全季节、全要素、全产业链发展，全面满足游客需求的发展模式。发展全域旅游就是要使旅游业向全社会、多领域、综合性方向迈进，让旅游融入经济社会发展全局。

推进全域旅游是我国新阶段旅游发展战略的再定位，是对传统旅游的一次全方位的升级。必须在继承过去成功做法的基础上实现六大转型。一是实现旅游资源由单个景区分散开发向综合目的地整体开放开发转型；二是旅游时间由旅游旺季向全季节旅游转型；三是旅游方式由观光旅游为主向休闲度假观光并重转型；四是旅游收入由以门票为主向产业综合经济转型；五是旅游景区由围墙内治安管理向全社会依法管理转型；六是旅游管理由少数部门单位向全社会力量共同完成转型。

当前和今后相当长一段时期，大力推进全域旅游，我们的理解是通过全省域谋划、全产业融合、全主体参与、全方位保障，最终将江西建成一个“全省皆风景，处处可旅游，时时皆可游”的全域旅游目的地。

第一，全省域谋划。

在省域范围内，围绕旅游强省的战略目标，高标准规划，高质量打造，将旅游资源优势转化为产业优势、发展优势、经济优势。一是高标准规划，加强顶层设计。摸清底数，在普查省内各类旅游资源的基础上，全面梳理省内具有旅游价值的山川河流、古村古镇、民俗风情、历史名贤、红色故事等，保护现状，科学规划，合理开发。编制《江西省全域旅游建设发展规划》，推进“多规合一”，指导各市县将全域旅游纳入总体规划，合理确定全域旅游发展目标、空间布局和发展路径，统筹推进全域旅游建设。制定《江西省创建全域旅游示范区标准》，从概念内涵、指导思想、创建原则、工作目标、实施步骤、主要任务及保障措施等方面做出具体安排，推动全域旅游创建标准化。二是高强度推进，加强基础设施建设。在南昌建设全省旅游集散中心，支持旅游中心城市建设区域性旅游集散中心。全省A级旅游景区实现“一路（景区公路）三道（栈道、索道、游步道）一平台（观景平台）”基本配套建设。构建省内旅游重点城市间铁路、公路快速通道，实现海铁、空铁旅游联运，支持机场开通多条旅游航线，鼓励旅行商开通旅游包机，大力发展游轮旅游。在建好省级旅游数据中心的基础上，推动各设区市建立旅游数据中心，构建全域旅游统计指标体系。加快智慧旅游建设。优先推动全域旅游示范区的供水、供电、金融、网络、通信、厕所和垃圾、污水处理等公共服务设施建设，实现全省旅游运转体系的全覆盖。三是高质量建设，加强点线面构建。发展全域旅游，重点要做好“点、线、面”文章。“点是基础”，就是建设好传统景区，打造辐射全省发展的龙头；加大海昏侯国遗址、篁岭、羊狮慕等新开发景区的品牌创建力度。“线是关键”，就是要连点成线，在省内已有的环鄱阳湖精华旅游线，井冈山、赣州为中心的红色旅游线，赣西爱情旅游线的基础上，打造古迹游、禅宗游等多条旅游新线路，力争全省范围内每行车半个小时就能看到新景点。“面是目标”，在此基础上打造多个配套齐全、产业链完整、规模效益强的旅游产业集群，实现全省旅游资源、旅游观光地的全覆盖。

第二，全产业融合。

推动产业转型升级是旅游强省的必由之路。一是促进产业升级，加速旅游产业由低端向高端迈进。积极推进山水旅游、红色旅游、乡村旅游、温泉旅游、宗教旅游、古迹古村游、古诗词游、书院旅游、休闲度假游等多种形态，使旅游产品百花齐放，旅游业态繁荣兴旺。二是要产业融合，以“旅游 +”推动旅游与其他相关产业深度融合。按照“旅游 +”模式，加大旅游与农业、工业、服务业及教育、文化、城建等行业部门的融合力度，为相关产业和领域发展提供旅游平台，形成新的生产力和新业态。通过“旅游 + 农业”，使得农业在提供农产品的同时，成为游人观赏休闲的体验基地。通过“旅游 + 工业”，使生产车间成为旅游景点，生产线成为观光线，工业产品成为旅游商品。使各行各业都在全域旅游的过程中找到自己的位置，谋求新发展，形成新的增长点，逐步实现产业链条全域化，产业辐射带动全域化。三是促进产业服务，推动富裕美丽幸福江西建设。充分发挥旅游业对其他工作的推动作用。通过发展城区旅游，提升城市建设品位和城市管理水平，把中心城市打造成首选旅游目的地和区域性旅游集散地。通过发展乡村旅游，鼓励越来越多的农民就近就业参与旅游发展，享受旅游发展红利，推动全省的新农村建设。发挥旅游在脱贫攻坚中的特殊作用，使得贫困村资源优势转化为产业优势，贫困发生率显著降低。

第三，全主体参与。

全域旅游的一大特点是全员参与。从政府到社区学校企业和个人，社会的各个层面，大家都来参与。一是政府引导，建立促进全域旅游发展的管理体制。各级党委、政府是推动全域旅游发展的责任主体，主要领导要亲自推动，成立全域旅游领导机构。建立适应全域旅游特点的旅游治理机制，强化旅游部门职能，明确各相关部门责任。二是市场主导，推进全域旅游的可持续发展。通过市场化运作，积极引入民营资本和社会资源，引导金融机构强化对全域旅游的融资支持。支持江西旅游集团、绿滋肴等本土旅游企业的发展壮大。鼓励各设区市成立旅游投资集团。积极引进中航、中海油、万达等外来大企业参与本省旅游开发。三是群众参与，让人人都成为全域旅游的主角。设立产业基金，鼓励民间投资，支持众筹、众创等融资方式，调动人民群众参与旅游发展的积极性，鼓励广大民众投身旅游，创业致富。通过树立“最美的风景是人”“人人都是旅游形象”的理念，提升公民整体旅游意识和文明素质，增强居民获得感和荣誉感，推动旅游发展成果全民共享。

第四，全方位保障。全域旅游的发展离不开重要保障，通过机制保障、环境保障、服务保障等一系列举措，推动全域旅游攻坚克难、顺利推进。一是唱响品牌，做好宣传保障。要继续提升“江西风景独好”品牌形象，运用全域旅游建设新成果，实施多媒体运营，使“江西风景独好”的知名度、美誉度和影响力不断攀升。在扩大国内中心城市、经略周边重点城市的同时，加强海外宣传，推出形式多样的舆论传播，不断提升我省旅游整体品牌形象。二是依法治旅，实现制度保障。以法治保障全域旅游，建设旅游警察、旅游法庭、旅游工商分局，使之成为旅游市场秩序的维护者、游客身边的保护神和城市形象的新名片。修改制定《江西省旅游管理条例》《江西省风景名胜区管理条例》《江西省海昏侯国遗址保护条例》等一系列适应全域旅游发展的法律法规。出台一批支持全域旅游发展的鼓励性政策。加强对法律、政策执行情况的督促检查，确保政策法律落实到位。三是完善市场秩序，做好服务保障。强化旅游市场整治。建立健全游客投诉处理的快捷高效机制和旅游经营户征信系统。在重要时间节点和关键时期开展专项治理活动，采取联合执法、实地检查、听取汇报、资料核查等“组合方式”，打击严重扰乱旅游市场秩序的非法行为。提升景区、宾馆等服务质量，把游客是否满意作为检验旅游工作好坏的最重要的标准。继续办好“金牌讲解班”，举办推进全域旅游高级研讨班、高级旅游管理人才研修班、旅游饭店总经理岗位职务培训班、旅行社管理人员岗位职务培训班，促进全省旅游队伍素质的整体提升，确保推进全域旅游的可持续发展。

依法治旅的创新性探索

2019年11月27日，江西省人大常委会审议通过了《江西省旅游者权益保护条例》（以下简称《条例》），《条例》定于2020年1月1日起正式施行。这是全国第一部旅游者权益保护的地方性法规，是江西省人大常委会依法治旅的一次创新性探索。《条例》的出台，对于打造“江西风景独好”品牌、提升旅游法治化水平、加快旅游产业高质量发展、保护旅游者合法权益，都将会产生重要而深远的影响。

一、回应人民呼声的科学立法

近年来，随着经济社会快速发展和人民群众对美好生活的日益向往，旅游这一新兴产业取得了长足进步，各地旅游产品、旅游业态不断丰富提升，公共交通、景区服务、购物娱乐等旅游基础设施有了较大程度改观，旅游人次、旅游收入和高等级景区数量等实现了历史性突破，旅游者的体验感获得感得到明显增强。但不容忽视的是，旅游发展不平衡不充分的问题依然突出，部分景点的硬件建设水平亟待提高、旅游服务等软件建设有待改进，旅游监督执法、旅游经营者责任、旅游者权益保护等法规规定较为笼统，以致旅游市场拉客宰客、诱导消费以及不当竞争等现象时有发生，并得不到及时规范有效的处理，这不仅直接侵害了当事旅游者的合法权益，也间接给当地旅游事业发展带来了负面影响。

为满足人民群众日益增长的优质旅游服务需求，切实解决旅游者权益保护的痛点难点，破解现行法规对旅游者权益保护较为原则、对旅游消费争议解决相关条款操作性不强等问题，全面推进全域旅游发展，江西将推动制定出台《条例》摆上了重要议事日程，决心通过法治方式，让旅游者在江西乐享旅游、放心消费。一年来，省人大常委会及相关部门主动深入景区一线和旅游经营场所实地调研，听取基层涉旅部门、旅游一线从业者和游客的意见建议，与干部群众深入访谈交流，并在江西人大新闻网公布了草案及其说明，多种方式广泛征求民意民智。从条例的制定目的与过程来看，都充分体现了回应人民群众呼声、科学民主立法的立法原则。

二、特色鲜明的创新探索

《条例》共七章五十四条，内容涵盖了旅游者权益保护的方方面面，不仅进一步明确旅游经营者的责任，落实各级政府的职责，而且在强化旅游者权利的保护作了许多探索和创新，将各地探索的行之有效的维护旅游者权益成功经验上升为法律法规。总体凸显了四个鲜明导向：

问题导向。《条例》针对旅游业快速发展过程中存在的人

瑞金叶坪红军广场

员素质不高、旅游经营不规范、诱导购物、退购困难、旅游服务质量不高等损害旅游者合法权益的问题提出了解决措施，规定：旅游经营者发布的旅游信息应当真实、准确，不得虚假宣传、误导旅游者；旅游产品和服务等应当明码标价，并以明确的方式告知旅游者。旅游过程中，临时增加购物场所、付费项目或者变更旅游线路、增减景点的，应当经全体旅游者书面同意等。

实践导向。《条例》主动顺应新时代旅游发展新变化，针对自驾游、徒步游、研学旅行以及民宿、旅游网络交易平台等旅游新业态作出具体规定，突出对旅游者在新兴旅游业态中的权益保护，规定：从事旅游民宿、家庭旅馆经营的，应当办理注册登记，并符合法律法规和国家规定对治安、消防、食品安全、卫生等方面的相关要求；旅行社承办研学旅行的，应当为依法注册的旅行社，且连续三年无重大质量投诉、不良诚信记录、经济纠纷及重大安全责任事故等。

创新导向。《条例》紧密结合江西实际，创新规定一系列有特色、有亮点走在全国前面的制度规定，主要有：一是创新设立旅游专项理赔金。在总结婺源等地解决旅游购物退货的成功经验的基础上，规定设区的市、县级人民政府应当设立旅游专项理赔金，对旅游者在旅游购物场所购买商品后，认为商品不合格或者存在质价不符情形，30 日内要求退货，旅游经营者拒绝退货的，由政府专项理赔资金先行赔付。二是创新设立旅游法庭等旅游纠纷调解机构。规定在重要旅游景区及游客集散地，可以设立旅游法庭、警务室以及由人民调解员、旅游协会成员、志愿者等组成的旅游调解委员会，快诉快结旅游活动中发生的纠纷矛盾，及时保障旅游者合法权益。

从严导向。《条例》针对各类侵犯旅游者权益的行为，分别设立了相应的法律责任，并依法从严从紧要求把握，规定：旅行社通过安排购物或者另行付费旅游项目获取回扣等不正当利益的，由文化和旅游主管部门责令改正，没收违法所得，责令停业整顿，并处 3 万元以上 30 万元以下罚款，情节严重的，吊销旅行社业务经营许可证；利用虚假的或者使人误解的价格手段，诱骗旅游者或者其他旅游经营者与其进行交易的，处五万元以上 50 万元以下罚款；情节严重的，责令停业整顿，或者吊销营业执照等。

三、法律的生命在于实施

立法不易，施法更难。法律的生命在于实施，权威也在于实施。如果一部法规得不到很好的实施，规定得再好，也将成为一纸空文。希望各级人大、政府有关部门、新闻媒体单位共同努力，积极学习宣传贯彻落实好《条例》，营造浓厚的依法治旅氛围，推动旅游者权益保护工作上新台阶。

各级人大及其常委会可按照监督法的要求，综合运用执法检查、专题调研、代表视察、听取和审议专项工作报告等各种监督形式，及时了解和掌握本行政区域内旅游者权益保护工作落实情况，提出改进工作的意见建议，督促政府及有关部门进一步履行好职责，推动《条例》的各项规定发挥作用。

各级政府及有关部门应建立健全“政府主导、部门联动、群众参与、游客互动”的旅游者权益保护长效机制，完善旅游者权益保护特别是先行赔付等方面的规章制度，对旅游者反映强烈的虚假宣传、价格欺诈、强迫购物等问题，不仅要依法及时处理，更要通过新闻媒体予以公开曝光，做好警示教育。

各新闻媒体可通过新闻报道，制作专题片、公益性广告等形式，多渠道主动宣传《条例》，积极引导各级旅游管理部门及广大旅游从业人员，切实增强法治意识，为贯彻实施好《条例》、加快建设旅游强省创造良好的舆论氛围和社会环境。

婺源山村秋

婺源有礼

有这样一个地方，她虽然面积不大，却是春秋战国、楚汉相争、中原战乱时期，大批北方世家大族南迁的避难地；她虽然人口不多，却以优美的生态环境继承徽州文化、接收山越文化、吸纳赣鄱文化；她从生产、生活、信仰到人生礼仪、历史传说、民间歌谣等，均深受朱子文化的影响，有着浓郁的地方乡俗遗风……没错，拥有这些鲜明特征的，正是“梦里老家、最美乡村”婺源。

婺源，这颗镶嵌于江西省东北部的绿色明珠，论地形地貌、自然气候、山川河流等，并没有十分显耀之处。然而，北方的变乱却给这里带来了大变革，让这里一度自守自安的农耕文明增添了儒家文化、书院文化、建筑文化等。久而久之，这里的先民也被先进文化所浸润、所同化，形成了天人合一的和谐景象。婺源由此在历史长河中脱颖而出，在优美的生态环境，厚重的文化积淀的孕育下，一位世界级的伟大思想家、哲学家、教育家朱子从这里走出。走得出朱子，自然也走得出詹天佑、金庸、汪应蛟等一批声振寰宇的各界精英，让婺源赢得了“书乡”之美誉。

一个“婺”字，即是“文武双全之美女”。有了朱子，更充实了“诗礼人家”。婺源，总在不经意间带给人们以遐想、以憧憬、以眺望。有了朱子，让婺源在古徽州“一府六县”中显得略胜一筹，也让江西省的文化自信有了更丰富的内涵，为“江西风景独好”挣足了世人敬仰的目光。

“历数唐尧千载下，如公仅有两三人。”朱子，作为儒家道统的忠实继承者，他终身以整理、宣扬、维护、创新儒家思想，推行理学道统为己任。朱子理学所包含的注重民族气节、重视品德修养，讲求以理统情和自我节制以正心、发奋立志以图强等论说，无不深深地影响着婺源的风尚、礼仪、习惯等民俗的发展和变化。

中国儒家学派创始人孔子，其重要的思想是以家庭伦理为基础的社会结构的重建，讲究的是“修身齐家治国平天下”。而作为传统儒学的集大成者，朱子更以一种宏伟的理论气概，让原本处于散落状态的儒学，具有了严密的哲学逻辑体系，成为南宋以后中国古代社会统治思想的代表，在中国文化史上赢得了与孔子比肩的地位。正所谓，“东周出孔丘，南宋有朱熹，中国两阙里，曲阜与婺源”。

朱子生前虽然在家乡讲学传道的时间不太长，但婺源人对这位乡贤充满了深厚的感情，朱子遗迹在婺源保存完好，成为

"活教材"。千百年来，婺源"读朱子之书、服朱子之教、秉朱子之礼"蔚然成风，朱子文化融入婺源人的血脉，生生不息。婺源，"八分半山一分田，半分水路和庄园"，境内千百个村落星罗棋布而聚族而居，由于受不同文化的影响，虽然"三里不同风，十里不同俗"，但朱子理学思想是婺源人共同的"精神密码"。"孝顺父母""和睦乡里""教训子孙""各安生理""毋作非为"等朱子理学道统，是婺源祠规祖训共同的"名言警句"。这种差异化里的趋同、多样性里的统一，实属罕见，值得考究。在朱子文化的浸润下，婺源不管是文人绅士，还是山民工匠，待人接物、言行举止都讲究礼仪、谨守规矩，成了中国"礼仪之邦"一道靓丽的人文景观。你看，即便是批评别人做事无厘头、不讲理，婺源人脱口而出的是"没名堂""没者也"……这些话语，无不渗透着儒雅之气而又意味隽永。婺源方言之美，于此可见一斑；婺源文化之美，由此可以想象。

有人说，一种文化所占据的地理体量，往往决定着这种文化的能量。放眼世界，一些国家和地区逐渐衰微的一个原因在于它的体量狭小。然而，婺源却以她不大的地理体量，释放着巨大的文化能量。究其原因，正是朱子文化起到了"压舱石"的作用，它让"书乡之舟"乘风破浪、行稳致远。

"夫礼，天之经也、地之义也、民之行也。"礼乐文明是中华文明的一个主要特质，礼乐是中华文化的重要组成部分，中国素有"礼乐之邦""礼仪之邦"的称谓。在朱子看来，"礼是有序，乐是和乐""事得其序之谓礼，物得其序之谓乐"。为使人们的言行举止各从规矩，朱子遂在传统礼制的基础上，

最美乡村婺源

著《朱子家礼》一书，对通礼、冠礼、婚礼、丧礼和祭礼五个部分，做了具体的规范。该书博采众家、融汇古今，由于历代统治者和地方儒士的竭力推行，婺源“冠婚丧祭，一遵文公《家礼》”一直延续至今。

朱子是一位讲理的大儒，他讲两个理，一个是“道理”的“理”，一个是“礼貌”的“礼”。同时，他把“礼”看作是对“理”的践履，“如果理是知；那么，礼就是行”。他强调礼对人的约束作用，认为人只有“动必有礼”，才能“不背于道”。如此看来，《朱子家礼》是将“天理”与“人礼”有效对接，是将形而上的理学思想世俗化的一种社会探索。其中，朱子的环境伦理思想，认为人不仅应当尊重自然、爱护万物，并且认为人与自然万物应为一体，相互协调、相互发展，这对婺源产生了深远的影响。婺源村落的选择、住房的建造、堂室的布局以及围绕着“家园”所形成的种种风俗习惯等，都与朱子理学有着密切的联系，成为婺源文化旅游的制胜法宝。朱子的这种环境伦理思想，对于当今的生态文明建设，亦有很大的启发意义和借鉴作用。

在婺源，朱子礼学就像一种文化基因世代相传，在言传身教、循循善诱中陶冶着婺源人的志趣情操。这些礼教，一举一动中，无不渗透着对生态的敬畏、对苍生的敬重和对文化的敬仰。你看，就连农村养牛户遇到母牛生小牛，也会用米粉做成小牛粿，到村里村外的分叉路口去供献山神菩萨，祈求保佑小牛平安长大。同时，将小牛粿分送左邻右舍，以庆小牛出生。这种对生命的敬重之礼，闻之，令人感动。

由于受《朱子家礼》的影响，婺源人十分注重家庭教育，扣好孩子们人生成长的“第一粒扣子”。就连刚出生的婴儿，家长们都在新生儿洗三朝后穿新衣前，用红头绳在婴儿的手臂上缚一圈，直至满百天后才解开。这种“缚手”习俗，为的是防止孩子们长大后喜欢打架斗殴或发生偷盗行为。在婺源，“蒙童开笔礼”也贯穿古今，难能可贵。正是这样的“未雨绸缪”，造就了婺源人的温文尔雅、彬彬有礼。

你看，在中国历史文化名村、明清官邸群落沱川乡理坑村，明朝工部尚书余懋学、吏部尚书余懋衡、礼科给事中余懋孳等京城高官，他们返乡建造的尚书第、天官上卿、大夫第等官宅，无不儒雅厚重又与村落风貌协调统一，清新隽逸、淡雅明快。作为京城高官，余懋学他们并不高傲自大、我行我素，而是与村民低调共处、谈笑风生。在他们的示范引领下，理坑村“青山浓翠、绿水渊环，园池整洁、檐宇森齐”，维护了村落秩序、创造了艺术瑰宝。理坑，原名理源，寓意理学渊源。在朱子礼学的浸润下，使得理坑村列入了《中国世界文化遗产预备名单》，不同凡响、弥足珍贵。

理坑村，正是朱子礼教的生动实践和感人写照。

我想，余懋学等历史名臣都属于文人当政。他们坚持以德润身、以文化人、以理服人，深受皇帝欣赏和百姓欢迎。事实证明，受益于朱子礼学熏陶的婺源官员，大多是内圣外王之良才：既有“报国惟无私”的南宋名臣汪澈，也有“浩然正气垂千古”的南宋名臣李芾，更有“一门九进士”的明代官吏潘珏、潘珍、潘旦、潘选、潘鉴、潘錡、潘潢、潘镒、潘釴，等等。当然，“师夷制夷扬国威”的明代名臣汪鋐，官拜太子太保、吏部尚书兼兵部尚书，也是婺源“文武双全之乡贤”的典型代表。放眼古今，亦是我国罕见之英才。

朱子的礼学研究，始终不忘化民成俗的现实关切，他的《朱子家礼》就是一部把礼学理论付诸社会实践的千古佳作。可以说，化民成俗是朱子一生的政治追求和终身践履的政治担当。他作《大学章句集注》，坦言其目的是，为“国家化民成俗”，为“学者修己达人”。婺源人讲究坐不争上、食不争多、行不争先的“三不”礼节，诚信礼让、民风谦和。当地大小村落里的宗祠，无不写着朱子“礼、义、廉、节”四字箴言，“诚信为要、礼让为先”是婺源人共同的“行为准则”。

作为宋代家庭文明发展的标志性成果，《朱子家礼》一书将朱子理学思想应用于庶民、影响于草根、浸润于家庭，稳固了“守名分”与“实爱敬”的家礼之本，规范了百姓行为，净化了百姓心灵，维护了社会秩序，孕育了婺源“夜不闭户、路不拾遗”的淳朴民风，成为社会德育的生动教材。

从2018年开始，婺源创新实施朱子文化进机关、进农村、进学校、进社区、进景区、进企业的“六进”工程，让朱子理学“遍地开花”，使得朱子“小讲堂”成为新时代文明实践中心建设的“大看点”。各中小学校举行“释菜礼”仪式，尊师重教蔚然成风；推广普及“微家训”工程，涵养社会文明风气；把朱子经典诗词谱写成适合传唱的歌曲，创作以朱子文化为背景、以朱子事迹为题材的文学、演艺、电影作品等，在不知不觉中浸教化着普通百姓。

“礼者，天理之节文、人事之仪则也。”在发展旅游过程中，婺源还按照“最美的风景是人”的理念，创新成立旅游志愿服务员、旅游服务质量监督员、旅游专业讲解员、旅游义务宣传员、旅游纠纷调解员等“五员”队伍，人人争当旅游“宣传员”“志愿者”“实干家”，人人“视、听、言、动”皆有礼节，城乡呈现了“人人是旅游形象、处处是旅游环境”的喜人局面。

我常常想，在大力推进全域旅游的过程中，一方面，我们要强调依法治旅，出台《江西省旅游者权益保护条例》，设立旅游法庭、警务室等；另一方面，我们要学习婺源样板，依礼治旅，以德化人，以理服人，无论是旅游者还是旅游景区的经营者和人民群众，都要不断提高自己的素质，提升服务质量，完善旅游环境，我们就一定能化解各种矛盾，实现旅游业高质量发展的目标。

旅游是将生态优势转为发展优势的最合适途径

——在中美省州立法机关合作论坛上的致辞

金秋时节，感谢中国人民对外友好协会牵线搭桥、精心组织，在我国中部最大城市武汉举办第二届中美省州立法机关合作论坛，为中美省州立法机构提供交流联谊、沟通合作的机会。

一、江西具有得天独厚的生态和人文优势

江西地处中国东南部，长江中下游南岸，因省内最大河流为赣江而简称赣。全省面积共16.69万平方公里，总人口4600万，共有11个设区市，100个县（市、区），省会为南昌市。

江西山清水秀，生态良好。

从地形上看，江西宛如一颗镶嵌在中国版图上的“绿宝石”，全省森林覆盖率高达63.1%，被誉为中国最绿的省份之一。全省四季分明，气候湿润，雨水充沛，光照充足，境内江河湖泊星罗棋布。主要河流湖泊水质优良，城市集中饮用水源地水质达标率100%。江西还拥有甘甜的空气，在每立方厘米空气中，负氧离子含量年平均值达1070个，超过

世界卫生组织规定的清洁空气标准。近年来，我省致力于保护生态环境、发展绿色经济，打造美丽中国的“江西样板”，全域被列为全国三个生态文明先行示范区之一。

江西名胜众多，品牌凸显。

江西市市有名山大川、县县有旅游景点。旅游资源种类多、品位高、潜力大。有世界遗产地 5 处，世界地质公园 4 处，国家 5A 级景区 10 处，综合评价位居全国前列。境内绮丽的自然风光和厚重的人文景观相得益彰，美丽乡村与古朴民风相映成趣，是一块自然天成与人文造化完美结合的旅游宝地。江西名山众多，庐山雄奇险秀，井冈山红旗漫卷，三清山峰林奇观，龙虎山是道教祖庭。“江西风景独好”传遍海内外。

江西历史悠久，人文荟萃。

江西自古享有“物华天宝、人杰地灵”的美誉。早在一万

方志敏雕像

余年前，万年仙人洞的江西先民就将野生谷物转变为人工水稻栽培，为解决人类吃饭问题进行艰苦的探索。这项由中美联合考古队发现的成果，被评为世界考古 100 强。江西自古群星璀璨，田园诗的创始人陶渊明、北宋改革家王安石、“东方莎士比亚”汤显祖、著名科学家宋应星、“中国铁路之父”詹天佑都是江西籍大师。江西是儒学的中兴之地、禅宗的定型之地、道教的发祥之地。景德镇瓷艺以“白如玉、明如镜、薄如纸、声如磬”名扬四海。江西是中国革命的摇篮、人民共和国摇篮、人民军队摇篮和中国工人运动的摇篮，孕育了伟大的井冈山精神、苏区精神、长征精神，为中华文明的发展做出了重大贡献。

二、旅游是将生态优势转为发展优势的最合适路径

为把江西良好的生态资源优势转变为经济发展优势，江西在保护的前提下，将发展旅游业作为绿水青山变为金山银山的重要路径。旅游业对生态环境影响小，就业率高，富民效果强，是脱贫攻坚的重要抓手。近年来，江西大力实施旅游强省战略，唱响“江西风景独好”品牌，山水旅游扬优成势，红色旅游领跑全国，乡村旅游转型升级，温泉旅游异军突起，旅游商品大幅增长，旅游演艺连创新高。江西省旅游产业呈现出强劲的发展势头，近 5 年来全省接待人数年平均增长 23.1%，全省旅游收入年平均增长 37.4%。山好水好人更好的江西努力探索旅游业发展的“江西模式”，以全域旅游引领旅游新发展，让秀美江西成为美丽中国的亮丽名片。

实践证明，在充分发挥我省生态优势，旅游产业迅猛发展

的同时，我省经济社会也得到了健康快速的发展，主要经济指标增速位居全国“第一方阵”。这充分说明旅游是将人文和生态优势转化为经济优势的有效路径，在经济社会发展中具有重要的促进作用。

三、立法机关在保护生态促进旅游工作发挥重要作用

江西省人大常委会作为地方权力机关，主要履行立法权、监督权、重大事项决定权和人事任免权。近年来，为保护、开发、利用好江西生态环境，省人大常委会围绕中心，服务大局，积极依法履职，通过立法、监督等手段全力保障江西旅游快速发展。一是立法保障旅游发展。省人大常委会大力支持旅游发展，通过立法保障我省旅游产业健康有序发展。2009 年制定了《江西省旅游条例》，2015 年，根据国家新的法律和江西发展的新情况，再次对条例进行了修改。依法保障旅游者、旅游经营者及其从业人员的合法权益，保护和合理利用旅游资源，规范旅游市场秩序，促进旅游业持续健康发展。同时，我们还公布了《庐山管理条例》和《井冈山管理条例》等，对重点旅游景区依法管理，对名山、名湖的保护发挥了重要作用。二是依法监督促进旅游繁荣。江西在全国首次建立省人民代表大会听取审议省政府生态文明先行示范区建设和生态环境状况的报告的模式。2012 年以来，持续开展助推旅游强省建设系列活动，综合运用人大依法监督和社会舆论监督手段，营造共同关注、扶持旅游产业发展的氛围，同时，专题到省旅发委、庐山、龙虎山、婺源等政府部门和重点景区开展立法监督和执法检查，坚持问

题导向，明确指出存在的缺失和问题，为我省旅游产业发展问症把脉、建言献策，推动一些制约我省旅游业发展的重点、难点问题逐步解决，得到了社会各界的认可与肯定，成为人大围绕中心、服务大局的监督工作品牌。三是积极建言献策，服务旅游决策。地方各级人大代表对旅游工作很感兴趣，有自己的体会与感受，他们积极依法履职，为我省旅游发展建言献策，如最近三清山东方女神和巨蟒出山重要景点被攀爬破坏的立法保护等问题，代表们提出了不少建设性的意见建议，进一步推动了我省旅游强省战略的实施，对各项工作起到很好的促进和完善作用。

中美省州立法机关合作论坛为我们两国省州立法机关提供了一个加深友谊与互信的平台，使中美地方交流提升到一个新的高度。希望通过这个开放的平台，加强双方立法交流，增进政治互信、推动务实合作、促进人文交流、加深人民友谊。通过这个互动的平台，双方能够深入探讨共同关心的问题，如立法、经济发展、能源环保、旅游、教育、文化等，推动在各领域的务实合作，增进两国地方的民生发展和人民福祉。

江西风景独好，开放的江西拥抱世界。诚挚邀请各位嘉宾常到江西走一走、看一看，领略江西美景，体会富裕美丽幸福江西的魅力。

江西旅游的崛起之路

江西，素有“物华天宝、人杰地灵”之美誉。赣鄱大地，“四大名山”巍然屹立：庐山雄奇险秀、井冈山红旗漫卷、三清山峰林奇观、龙虎山道教祖庭；“四大摇篮”红动中国：中国革命的摇篮井冈山、人民军队的摇篮南昌、人民共和国的摇篮瑞金、中国工人运动的摇篮安源；“四个千年”流芳千古：千年瓷都景德镇、千年名楼滕王阁、千年书院白鹿洞、千年古刹东林寺。中国最大的淡水湖鄱阳湖，渔舟唱晚，候鸟天堂；“中国最美的乡村”婺源，小桥流水，如诗如画；赣南客家围屋，民风浓郁，独具魅力。武功山、黄冈山、大觉山、灵山，山山钟灵毓秀、鬼斧神工；庐山西海、仙女湖、陡水湖，湖水碧波荡漾，赏心悦目。此外，婺源篁岭、上饶灵山、樟树盐温泉、安福羊狮慕、明月山小火车、中华贤母园、大余丫山、中国洞都等一批新开发的景区（点）也已投放市场，深受游客青睐。好山好水好风光，与厚重悠久的历史文化相得益彰，美丽乡村、闲适田园与古朴民俗风情相映成趣，历史文化与绿色生态浑然一体，江西可谓是一块自然天成与人文造化完美结合的旅游宝地。

仙女湖入景区雕塑

江西省委、省政府高度重视旅游产业发展，做出建设旅游强省的战略部署，在全省上下形成加快旅游业发展的共识共为，不断推动江西旅游业大跨越、大发展。党的十八大以来，江西旅游人次、旅游收入以平均 30% 的速度增长，主要旅游指标增长近 5 倍，在全国的排位大幅前移。在“江西风景独好”品牌的引领下，江西初步构建了“一核三片五城十县百区”旅游目的地体系和“三线八圈”旅游线路框架体系，逐步形成了以高位推动为引领、以品牌塑造为核心、以市场运作为主导、以集群发展为重点、以互利共赢为前提、以提升服务为抓手的旅游发展“江西模式”。

一、高位推动，深化改革

要把江西旅游资源优势转化为产业优势，必须坚持党和政府高位推动，在深化改革上下功夫，形成全面加快发展旅游的高度共识。

坚持高位推动，凝聚全省共识。省委、省政府主要领导多次专题调研各地旅游工作，就加快发展旅游业做出了一系列重要判断，明确提出加快推进旅游强省建设，打造美丽中国的“江西样板”，把旅游业建设成为江西最大的优势，最大的财富，最大的品牌，并亲自为江西旅游进行宣传推介。省委、省政府出台《关于推进旅游强省建设的意见》和《关于全面推进全域旅游的发展意见》，从土地利用政策、金融财政扶持、税费优惠政策、消费鼓励政策等方面促进旅游业发展。这些重大举措为旅游业发展注入了强劲动力，加快形成了旅游业发展上下联动的领导力、产业融合力和区域合作力。

省委、省政府文件中特别明确了各级党委、政府是旅游强省建设的责任主体，党政一把手是第一责任人，省直涉旅部门是重要责任单位，形成全省上下联动、部门齐抓共管、区域协调并进的工作格局。全省各级组织积极呼应旅游强省建设的战略部署，纷纷把旅游业作为战略支柱性产业，形成了设区市主要领导站在一线谈旅游、抓旅游、推旅游的良好氛围。各市市委书记、市长纷纷发表专门文章，畅谈发展本地旅游的工作思路，召开规格高、规模大的旅游产业发展大会或工作推进会，出台加快旅游产业发展的政策性文件，超过 1/3 的县（市、区）将旅游业作为县域经济发展的支柱性产业。

坚持体制改革，创新管理机制。作为江西旅游业“顶层设计”的一线实践者，旅游管理机构的职能发挥是关键推力。江西省委、省政府把机构职能转变作为旅游综合改革的突破口，赋予省政府旅游管理部门战略规划、产业政策、综合协调、市场培育、公共服务、行业监管等方面职能。江西旅游改革为全国旅游改革提供了可推广、可复制的重要经验。

基于旅游产业涉及部门多、涉及面广这一特征，建立了由省发展改革、财政、交通运输、国土资源、住房城乡建设、文化等六个部门分管领导兼任旅发委兼职委员的制度；通过行政和市场两种方式，解决庐山、武功山等景区管理体制机制难题，建立大庐山市，推动国有旅游景区所有权、管理权、经营权分离；成立武功山旅游集团有限责任公司，对武功山实行统一经营管理；组建江西省旅游集团，将省政府办公厅、省旅发委所管理的可经营的国有资产注入旅游集团，进行市场化运作；深化门票价格改革，先后推进了庐山“一票制”和明月山羊狮慕景区“一票制”。除此以外，全省旅发大会申办制度、旅游强省建设督查机制、旅游重点项目调度机制、年终全省旅游巡查、游客满意度调查制度等一套旅游产业运行机制成为旅游机构职能转变的有力抓手和生动实践，把统筹产业发展贯穿到旅游工作全过程。

二、加强宣传，打造品牌

在旅游市场竞争日益激烈的今天，品牌已成为旅游提高核心竞争力、实现可持续发展的关键因素。全省紧紧围绕“江西风景独好”品牌形象，策划实施了一系列影响力大、美誉度高的营销推广活动，促使“江西风景独好”的知名度、美誉度和影响力不断攀升。

创新宣传模式。在全国首创推出“江西风景独好”旅游特卖会全新营销模式，前往北京、上海、福州、厦门、西安等60多个城市举办特卖活动，让利热卖旅游线路和产品，实现了旅游品牌推广与旅游产品营销的结合；鄱阳湖中华龙舟大赛、“博动江西·风景独好”旅游推广、全球海选旅游体验师、篁岭晒秋、明月山万人泡脚等一系列创意宣传活动，央视等主流媒体进行报道，获得了极高关注，受到热捧；利用中央主流媒体、地方媒体、境外媒体等多种媒体，依托各大城市公车、橱窗、电视、广播、网络等多种平台，创办“江西风景独好”微博、微信公众号，出版《旅游画刊》，组织开展“全国主流媒体走赣鄱”“全国网络媒体江西行”“全国交通广播记者走进江西”“外媒看江西”等大型采访报道活动，大力宣传江西旅游，使“江西风景独好”更加深入人心。

丰富宣传内容。提出“江西风景独好”宣传口号，创作“江西风景独好”主题歌，组织编写“江西风景独好”旅游文化系列丛书，出版“江西风景独好”旅游画册和光盘，制作完善新版“江西风景独好”旅游形象广告片，在央视和覆盖北京等21个城市CCTV移动传媒循环播放，不断提升“江西风景独好”品牌影响力。推进全省旅游“四个一”工程，要求各市、县和重点旅游景区推出一句旅游宣传口号、一本旅游宣传画册、一部旅游宣传片、一首旅游歌曲，极大地丰富了“江西风景独好”的品牌体系。在第二届中国

星子桃花源内谷廉泉

文化旅游品牌建设与发展峰会上，“江西风景独好”获评“影响世界的中国文化旅游口号”。

扩大辐射范围。在宣传范围上，做到有层次、有侧重、有针对性地辐射更广地域，真正做到从“省域形象”到“世界影响”的提升。着重抓好“三个圈”的宣传，第一个圈是周边省会城市宣传圈，我们在江西西部湖南长沙、北部湖北武汉、东部浙江杭州、南部广东广州开展旅游推介会，吸引更多的主客源地游客利用周末闲暇时间到江西旅游；第二个圈是全国重点城市及区域中心城市宣传圈，前往诸如北京、上海、陕西西安、辽宁沈阳等地开展旅游宣传推介活动，利用重点城市、中心城市影响力，辐射全国市场；第三个圈是海外宣传圈，在历届赣港经贸合作活动、两岸（江西）经贸文化合作交流活动期间，分别在香港、澳门、台湾举办“江西风景独好”推介会，并投放大量车身、橱窗广告。利用第三届世界旅游经济论坛、第三届世界低碳生态经济大会等重要平台展示“江西风景独好”魅力。在马克思故乡德国设立展馆，在韩国首尔地铁宣传栏、美国纽约时代广场大屏幕等投放“江西风景独好”宣传广告。

近几年“江西风景独好”口号不仅被定位为展示江西全方位对外形象的宣传口号，还被省直各部门在举办诸如微电影大赛、北京文化月等重大活动中都冠以“江西风景独好”为主题名。可以说“江西风景独好”品牌已经成为江西影响力和竞争力的代名词，由旅游形象提升为江西整体形象，在国际国内旅游竞争中充分展示了江西特色、江西魅力。

三、市场主导，产业融合

市场化运作，积极引入民营资本和社会资源是旅游经济高质量运行的核心支撑，又是未来旅游可持续发展的重要引擎。江西旅游市场化运作逐步成熟主要体现在旅游项目投资、旅游产业融合、旅游商品开发等多个方面。

江西旅游集团蓄势发力。针对我省旅游存在缺乏大集团无上市旅游企业、无大型旅游融资平台等问题，2014 年 10 月，江西省政府批准组建江西省旅游集团，取消了行政级别，建立现代企业制度，实行混改，吸收大量社会资金进入，实行重点员工持股，充分调动职工的积极性创造性，使集团充满生机和活力。目前集团业务范围涵盖旅游饭店、旅行社、餐饮娱乐、国内外票务、景区开发、旅游地产、文化创意等各个领域并开始进入发力期，正在逐步构建盘活资产、整合资源、开发建设三大平台，致力于江西旅游业发展，调动各方积极性，加速成为引领江西旅游快速发展的“航母”和旅游类上市公司的“孵化池”。省旅游集团与建行携手设立了我省首只市场化运作的江西旅游产业基金，现有资产超过百亿，收入过 10 亿，解决 4800 人就业，并上缴税收，实行了盈利。

社会旅游投资迅猛增长。投资不断增加，民营企业成为旅游项目的最大投资主体。万达、绿地、恒茂集团、铜锣湾、新恒基等国内知名企业，江铜集团、江西高速集团、江钨集团、南昌市政集团等省内大企业纷纷看好江西旅游，大手笔投资度假休闲旅游项目、旅游综合服务体系和商业服务体系建设等，投资额占全省旅游投资的 1/3 以上。

旅游业态融合发展提速。全省各地紧紧围绕满足游客观光、休闲、度假等复合型需求，以互动的理念、融合的思路、对接的方法，积极拓展旅游覆盖领域，大力培育旅游精品，逐步形成了乡村旅游、红色旅游、演艺旅游等种类多样，业态多元的旅游产业体系。比如，景德镇依托陶瓷文化，打造的古窑民俗博览区等一批独特的将文化与旅游融合发展的景区脱颖而出；合理利用古村古镇，将城乡建设与旅游融合发展，婺源、南昌凤凰沟、大余丫山等一批乡村游景点顺势崛起；积极引入演绎项目进景区，《梦里老家》《寻梦龙虎山》两台大型实景演出分别在婺源和龙虎山上演，赣江两岸微电影秀广获好评。

旅游商品开发初见成效。评选出“福寿富贵”“忆千年古瓷片”“青花胭脂红瓷具系列”“手绘青花茶具”“千年食品系列”“宣纸刺绣”等优秀获奖旅游商品，在全国范围内进行广泛宣传，提升品牌形象。通过组织企业参加中国国际旅游商品博览会、举办江西旅游商品博览会等特色活动，帮助企业开阔视野、打开市场、提高知名度。经过多方面的挖掘和推动，旅游商品发展有了新突破，一大批知名产品应运而生，深受群众喜爱。连续三届江西旅游商品博览会顺利举办，展会规模不断扩大，辐射影响不断加深，现场交易愈加火爆，活动设置精彩纷呈，商品精品多元荟萃，为全省旅游商品开发提供了精准的导向性，引领全省旅游商品文化、科技、设计全方位创新。

四、集群发展，转型升级

“散客时代”的到来，使得“自驾、自主、自助、自费”

等开放式旅游成为主体，长期以来以旅游功能区和旅游六要素配套建设为主体的局面已经悄然改变。江西适时提出旅游产业集群发展，打破传统旅游门票经济制约，促进旅游转型升级，有机融合一产、二产、三产，打破行业和地区壁垒，形成区域发展的共赢局面。

产业集群，开辟了旅游发展新路径。江西省委省政府提出工业、农业、物流、旅游四大产业集群建设，第一次把旅游纳入全省四大产业集群板块，集中政策措施推动特色优势产业做大做强。全省围绕最具代表性的“3461”景区（即四大名山、四大摇篮、四个千年以及一湖、一村、一海、一峰、一道、一城）及部分重点旅游县，布局打造35个旅游重点产业集群，编制《江西省旅游重点产业集群发展规划》，将其分成景区依托型、县域发展型、城区集聚型、文化主题型、综合项目型等5大类型，召开全省旅游重点产业集群推进会议，建立“八个一”的工作启动机制，着力培育具有全国影响力的旅游产业集群品牌。在

明月山夕阳

全省顶层推动下，各地围绕旅游产业集群建设，主动作为，积极探索，涌现了一批可圈可点的发展典型。在鹰潭龙虎山景区周边10公里范围内，集聚了包括道遥宫、上清镇、水上旅游、悬棺表演、《寻梦龙虎山》实景演出等20多个大型旅游项目，既突出重点，同时显示出整体资源整合效应。

完善设施，建设“一路三道五中心”。江西十分注重旅游配套设施的建设，积极推动“一路三道五个中心”建设。“一路”就是高速公路到旅游景区的旅游公路，没有最后一公里，就没有旅游景区的繁荣发展。“三道”是索道、栈道、游步道，把景区内各景点联系起来，集交通与观光为一体，使景区配套“锦上添花”。“五个中心”指为提供智慧旅游和信息服务的游客中心、提供饮食和住宿服务的食宿中心、晚间提供休闲娱乐的演艺中心、满足商品购物需求的购物中心以及提供多层次多角度观赏平台的观景中心。截止到目前，在建或建成的景区索道有15条，建成景区栈道25000米。推出了“旅游厕所革命先锋行动”，完成新建改建旅游厕所3000座。

转型升级，加快旅游标准化创建。推动产业转型升级是旅游强省之本。围绕旅游强省目标，江西提出旅游产业升级的四个路径，旅游资源由分散开发向整体开放开发转型，旅游消费由观光旅游为主向休闲度假观光并重转型，旅游收入由门票为主向综合收入转型，旅游景区由粗放型建设向标准化建设转型。其中，旅游业的标准化建设更是被摆放在突出位置。近几年，江西从未停止高等级A级景区的创建力度，5A级景区由2010年的2个增加到2018年的11个，进入全国前6位，篁岭、武功山、庐山西海等地也已进入 5A 景区预备名单。同时，不断完善旅游标准化体系，先后制定和实施了农家旅馆、旅游生态设施、旅游生态行为、旅行社星级、导游员星级和旅游强县评定等多个省级地方旅游标准，三清山、江西宾馆、星子县、上饶市、景德镇古窑民俗博览区等积极参与全国旅游标准化试点工作。

五、抱团出海，互利共赢

经济全球化、区域一体化已经成为不可阻挡的时代潮流。旅游业更是区域一体化中的先导产业，要想实现更好更快发展，开拓互利共赢局面，必须加强区域之间、城市之间、景区之间以及行业之间的旅游合作。

景区抱团，联合推介。根据旅游资源的差异性及区位相近的便利性，江西大力推进景区之间跨区域旅游合作，其中最具代表性的要数“清婺景”旅游线路。三清山、婺源、景德镇拥有得天独厚的资源禀赋，旅游产品各具优势，资源差异性明显，淡旺季互补性强，且相依为邻、高速互连、交通便捷，自驾车程在 1 小时以内，涵盖“名山”“名村”和“名镇”，看点丰富、产品多元、内涵饱满，可以满足游客观光、休闲、度假、商务等多种需求和体验。在联合推广抱团营销战略取得成功后，不少景区相继展开合作，庐山风景区、三清山风景区、婺源风景区、景德镇古窑景区在江西风景独好的大品牌下确定了“醉美赣东北”的市场推广主题；宜春明月山、萍乡武功山、新余仙女湖成立赣西旅游营销联盟，推出赣西旅游专列、大团、包机等旅

三清宫雪韵

游产品，南昌、九江、抚州携手开展旅游营销，联合推出热门景点套票和特价旅游线路。

省域合作，开放共赢。江西全力参与浙皖闽赣四省国家东部生态旅游实验区创建工作，充分利用四省交界、交通便捷、资源丰富等优势，建立统一的政策推进平台、规划实施平台、生态保护平台，着力完善交通网络等基础设施建设，设计旅游精品线路，试行区域景区联票，联合组团宣传营销，建立统一的标准化服务体系，尤其是尝试争取打造旅游特区保税区、落地签证政策等，积极推动实验区上升为国家战略，凸显区域旅游整体优势。赣州、吉安与广东、福建、湖南加快推进红色旅游区域合作。同时，我省积极参与一带一路、长江经济带、泛珠三角等更大区域、更广范围、更深领域的旅游合作，借船出海，让江西旅游进一步走向世界。

六、培养人才，服务至上

服务质量是旅游业的“生命线”。这几年，江西始终注重营造良好的旅游环境和旅游服务质量的提升，进行了一些有益的探索，服务质量明显提升。

强化旅游市场整治。从职能转变出发，建立江西省旅游市场综合治理长效机制，17 家省直部门联合成立旅游市场综合治理办公室，通过定期联席会、联合执法、加强案件督办、信息共享与通报，推动旅游市场监督管理工作的规范化；在重要时间节点和关键时期开展专项治理活动，采取联合执法、实地检查、听取汇报、核查资料等“组合方式”，打击严重扰乱旅游市场持续的非法行为；通过建立“红心导游联盟”“旅行社诚信先锋联盟”“游客理赔基金”等方式，构建旅游文明诚信保障体系。

加快智慧旅游建设。省旅发委与中兴通讯股份有限公司、中国电信江西公司、中国移动江西公司、中国联通江西公司合作，联合推进江西省智慧旅游建设。启动智慧旅游岛（游客电子服务中心）、江西省旅游门户网站、江西省旅游微信平台、江西省旅游 B2B 网络分销平台（E 通道）、江西旅游在线培训平台等五大项目建设。江西风景独好官方微信总阅读数超过 218 万次、总转发数超过 18 万次，江西风景独好官方微博总发 2.1 万余篇。同时，打造全省旅游微信矩阵，提供实时咨询服务，“江西风景独好”官微、上饶旅游、龙虎山、三清山等旅游微信的影响力和知名度居全国前列。

培养旅游精英人才。在全国首创了政府、高校、行业、企业协同培养旅游人才新模式，省旅发委与江西师范大学、江西科技师范大学、赣南师范大学联合开办“金牌讲解班”，培养的学生在省内外旅游及相关单位，实现 100% 就业；与省委组织部联合举办推进旅游强省建设高级研讨班；与江西财经大学共同开办高级旅游管理人才研修班；与旅游院校、饭店协会、酒店人网合作举办旅游饭店总经理岗位职务培训班、旅游饭店餐饮岗位职务培训班；与设区市旅游局合作举办旅行社管理人员岗位职务培训班、旅游饭店总经理岗位职务培训班；与上海市共同举办沪赣两地旅游饭店总经理培训班等，促进全省旅游队伍素质的整体提升。开展“寻找最美导游”活动，通过寻找和评比，最美导游全省巡回演讲等活动，形成社会关注的热点，展示江西旅游的新形象。

虽然我们取得了一些成绩，受到了社会各界和人民群众的好评，但与中央的要求相比，与全国旅游先进省市如江苏、浙江、广东等地相比，还存在许多差距。如还有较多的旅游空白点，入境游人数不多，基础设施滞后，大型龙头企业缺乏，人才“短板”突出，体制机制不完善等。必须在大好形势下保持清醒头脑，充分认识自身存在的问题和弱项，坚持问题导向，登高望远，苦练内功，补齐缺失，再上层楼。

踏遍青山人未老，江西风景独好。江西有老祖宗留给我们的宝贵资源，有过去良好的工作基础，江西旅游人有信心、有决心、有能力抢抓机遇，奋力拼搏，开拓江西旅游强省建设新境界，走在全国全域旅游、优质旅游的前列。

畅游文化时空中的美丽江西

江西古称“江右”，地处长江中下游交界处南岸，她东邻闽浙，南连广东，西毗湖南，北接鄂皖，素有“襟三江而带五湖，控蛮荆而引瓯越”之势。随着大运河的开通，万顷碧波的鄱阳湖和千里奔腾的赣江水，成了沟通中原与岭南、闽南的交通干线，江西也因为黄金水道的优势，得天时地利而在一千多年里成为中国的经济、文化中心。

横跨赣江的朝阳大

峡江玉笥山

特定的区域地理和历史情境，孕育了兼容并蓄、海纳百川、多元特质的江西文化。在历史的眷顾下，文明与财富，源源不断地在这里融合、发散、输入、输出，辐射整个华夏大地，乃至东南亚各国。我到江西工作后，江西风景看在眼里、印在心田，既有山川秀美之超绝，又有人文风流之震撼，“江西风景独好”油然而成必抒之胸臆。

早在春秋时代，江西文化与中原的交流与传播已经展开，江西文化肇始于汉晋、兴盛于大唐、烈演至宋明。东汉“下陈蕃之榻”的徐孺子是豫章高士，名显一时。东晋陶渊明，则是江西古代文化一座奇峰。历史上，江西是儒释道共宏共荣之区，百花齐放、流派纷呈。这里既是道教正一派的发祥地，又是其他一些道教教派的衍生地，拥有道教 5 小洞天 12 福地，龙虎山、玉笥山、阁皂山、葛仙山、麻姑山都是著名的道教圣地；这里又是佛教中国化的重要基地，是禅宗诸多宗系的发源地，“马祖建丛林，百丈立清规”完成了禅宗历史上两次最重要改革。

江南名楼滕王阁

沩仰宗、临济宗、曹洞宗及黄龙派、杨岐派的祖庭均在江西。理学、心学的昌明标志着儒家思想哲学化进程在江西顺利完成，朱熹、陆九渊为中国儒学中兴的双峰，他们的鹅湖之辩开创了中国学术自由争鸣之风，产生了深远的历史影响。

千百年来，江西积淀下来的庐陵文化、临川文化、豫章文化、客家文化、书院文化、陶瓷文化、青铜文化、风水文化、古村文化等传统文化都具有世界影响力，江西还拥有国家级和省级非物质文化遗产 600 余项。从万年的吊桶环和仙人洞将水稻由野生变种植解决人类吃饭难题，到井冈山朱毛红军的会师寻找中国革命胜利路径，再到小平小道走向改革开放的大道，这期间经历了多少艰难困苦，记录了多少奋斗牺牲？千年瓷都景德镇、千年名楼滕王阁、千年书院白鹿洞、千年古刹东林寺，浓缩了时代的变迁和文化的积淀，名播五洲，向世界辉映着江西文化的光芒与魅力。

这里有无数美丽的传说，关于爱情，关于亲情，关于战争，关于商贾，关于天地，关于鬼神。那些爱恨情仇，经历了多少日出日落，渗透在每砖每瓦的印刻中，一直走到我们身处的时空世界。

时代的洪流裹挟虽然冲散了很多印记，而“神”样的东西却一直静默着流淌下来，这便是融铸于赣鄱大地上的“文化”。无论世事如何变迁，它总让人温暖，让人仰望，让人敬畏，让人思怀，让人品读。历史造就的奇迹，时间造就的机缘，让赣鄱大地早已生出了一种独特的气质，使这里成为华夏大地上充满着美丽与灵性的一方热土。

有人只忙着“活在当下”，却很少将目光投向过去和未来。走出灯红酒绿的纷杂和笼罩，纵身江西的历史文化，置身交织着人文光芒的美景，在行走中你获得赏阅人类文明的高度，在体验中你收获了思想者的能力。你以发现者的惊奇，去感受那

俯瞰井冈山

黄金时代的遗迹，阅读古色今香，追溯历历前尘，长风万里，归于你心。啊，开启一场神奇的江西之旅将是何等的惬意！

徜徉在江西时空的画廊中，你走过的路，看过的景，听过的乡音，尝过的美食，将通过视觉、听觉、味觉、触觉等一切感观，渗透到你的心灵和记忆深处。一段旅途的结束意味着一种情怀的开始，在今后的日子里，这些感觉会很容易被突然唤醒，你才发现，它们已经把你在生活中的品位提高了很多。在江西的文化旅游中，你先用眼睛发现，然后，不用眼睛也能看见了，文化的力量会开启你心灵的洞见！

行万里路阅赣山鄱水，读千年书沐赣风鄱韵。江西是华夏文明的一个卓越范本，她是世界了解中国个性的一道简易法门，又是国人追寻文化之根的独好风景。